WIE MAN SCHRITT FÜR SCHRITT KRYPTOWÄHRUNGEN SCHÜRFT

Inhalt

Die Grundlagen für den Einstieg in das Mining von Kryptowährungen 4

Wie es abgebaut wird 8

Grundlegende Überlegungen zum Bergbau 9

Rentabilitätsprobleme beim Mining von Kryptowährungen 10

Rentabilitätsrechner, die Sie verwenden können 14

Die vom Bergbau verwendeten Algorithmen 18

Die Anforderungen für das Mining von Kryptowährungen 20

Zinserträge aus Kryptowährungen 26

Die Voraussetzungen für das Mining von Kryptowährungen mit PoS 27

Wie man eine Kryptowährung zum Mining auswählt 28

Alles über einen Mining-Pool 31

Die Form der Bezahlung der Pools 34

Die Rolle der Web Miner 35

Was Bergbau in der Wolke bedeutet 37

Mining von Kryptowährungen auf einem Mac 38

Ethereum-Schürfen über Ubuntu Linux 39

Wie man Litecoin schürft 46

Lernen Sie, wie man Monero per Computer schürft 52

Finden Sie heraus, wie man Zcash abbaut 62

Bergbau vs. Investitionen; die Überlegungen beim Einstieg 67

Mindestanforderungen an die Hardware zum Mining von Zcash und Ethereum 75

Beste GPU für Ethereum-Mining 80

Aktuelle Bitcoin-Schürfanlagen 84

Die beste Software zum Schürfen von Ethereum 85

Das Mining von Kryptowährungen ist heutzutage oft ein beliebtes Thema, aber gleichzeitig gibt es Zweifel an seiner Rentabilität und Rechtmäßigkeit. Um zu diesen Antworten zu gelangen, muss jedoch festgestellt werden, dass es sich um eine Aktivität handelt, die zu einer Reihe von Prozessen beiträgt, die dazu beitragen, Transaktionen aus einer Kryptowährung zu validieren.

Die Funktion des Miners konzentriert sich auf das Lösen von Rätseln, wofür spezielle Geräte eingesetzt werden, die je nach Kryptowährung bestimmte Verbrauchsfaktoren wie Internet und Strom benötigen, da nicht alle auf die gleiche Weise funktionieren.

Die Grundlagen für den Einstieg in das Mining von Kryptowährungen

Cryptocurrency Mining ist eine Aktivität, die Sie sehr klug zu prüfen, vor allem, weil mit Informationen ist es einfacher zu wagen, unter Berücksichtigung, ob es eine profitable Tätigkeit oder nicht in Ihrer Situation ist, weil diese Maßnahme hängt von verschiedenen Faktoren ab.

Die Berechnung der Rentabilität des Mining von Kryptowährungen erfordert eine Analyse der von Ihnen geplanten Tätigkeit, aber Sie können Tools verwenden, die Ihnen dabei helfen, herauszufinden, ob es sich um eine rentable Maßnahme handelt. Diese Berechnungen können auf individueller Basis durchgeführt werden, können aber nicht als 100 % effektives Ergebnis angesehen werden.

Mit Hilfe von Kryptowährungsrechnern kann man sich jedoch über einige Kriterien Klarheit verschaffen. Um dies zu erreichen, muss man zunächst alle grundlegenden Aspekte kennen, mit denen man beim Mining in Berührung kommt, wobei die folgenden Aspekte hervorstechen:

- **Kryptowährungen**

Der wichtigste Vermögenswert, der durch das Mining generiert wird, sind Kryptowährungen, d. h. virtuelle Währungen, die sich zu einem beliebten virtuellen Zahlungsmittel entwickelt haben, da es sich um digitale Vermögenswerte handelt, die nicht greifbar sind, da sie durch verschlüsselte Überweisungen mobilisiert werden, die auf Händler oder Unternehmen ausgedehnt werden können.

Eine Eigenschaft dieser Vermögenswerte ist, dass sie sich selbst regulieren, weil es keine Institution gibt, die in ihre Kontrolle eingreift, so dass ihr Wert nicht verändert wird, sondern sich auf der Grundlage der Bewegungen der Nutzer selbst ändert, wenn sie Peer-to-Peer-Austausch betreiben.

Diese Kontrolle oder Macht über diese Vermögenswerte liegt nicht nur bei den P2P-Nutzern, sondern das Mining trägt zur Schaffung von Kryptowährungen bei. Diese Art von Dynamik ändert sich je nach Art der Kryptowährung, und wenn man an diesem Prozess teilnimmt, entstehen die Belohnungen für die Miner, was bedeutet, dass sie Einheiten dieser virtuellen Währungen erhalten.

- **Verlässlichkeit und Rechtmäßigkeit**

Das Mining von Kryptowährungen ist definitiv legal und bringt Sicherheit mit sich, aber es müssen einige Vorsichtsmaßnahmen ergriffen werden, damit keine Probleme entstehen. Eine der wichtigsten Maßnahmen ist die Erstellung eines privaten Schlüssels, damit Ihre Gelder nicht gefährdet sind, und bei dessen Verwendung ist Vorsicht geboten.

Hinzu kommt die Vielfalt der existierenden Kryptowährungen, denn die Anzahl wächst täglich und die Rentabilität variiert für jede einzelne, dies muss bei der Einschätzung der Rentabilität berücksichtigt werden, aber auch bei der Entscheidung für den einen oder anderen Vermögenswert. Die beliebtesten sind Litecoin, Ether, Dash, Ripple, Monero und andere, die Ihnen vielleicht zusagen.

Auch die Art der Hardware, die Sie für das Mining auswählen, spielt eine große Rolle, so dass jede Entscheidung von einer Reihe von Faktoren abhängt, aber der Markt bietet auch die Möglichkeit, Dogecoin, BitTorrent, HUSD, Stellar, TRON, Polkadot, Cardano, NEO, Dai, IOTA und viele andere zu verwenden.

- **Minar**

Die Aktion des Mining basiert auf der Schaffung von Kryptowährungen, wie sie verdient oder erhalten werden, diese Art von Belohnung wird während eines erfolgreichen Prozesses präsentiert, sondern erzeugt, dass es nicht notwendig ist, die Kryptowährungen zu kaufen, sondern so viele Belohnungen wie möglich zu erhalten.

Wie es abgebaut wird

Für das Mining von Kryptowährungen ist es notwendig, die Lösung mathematischer Berechnungen mit Hilfe von Rechenleistung durchzuführen, d. h. der Nutzer leiht die Ausrüstung für den Betrieb von P2P-Netzwerken aus, um die anfallenden Berechnungen durchzuführen und so die Transaktionen abzuwickeln.

Das heißt, dass die Transaktion mit mathematischen Berechnungen durchgeführt wird, die mit Hilfe von Computern durchgeführt werden, die 24 Stunden am Tag laufen, um einen konstanten Verbrauch zu erzeugen, so dass es sich nicht um eine Tätigkeit handelt, die mit einem einfachen oder häuslichen Computer durchgeführt werden kann.

Der Bergbau erfordert Energie und gleichzeitig ein gutes Leistungsniveau, damit der Prozess realisiert werden kann, daher ist es ein Synonym für die erforderliche Investition, ASIC-Geräte zu beschaffen; Application Specific Circuitry, die speziell für den Bergbau mit auffallender Energie geschaffen sind.

Das Mining kann gemeinsam durch einen Pool oder eine Kooperative erfolgen, in der die Mehrheit der Mitglieder zusammenarbeitet, um Belohnungen zu erhalten, da ein höheres Maß an Macht gebündelt wird und im Gegenzug ein Block gelöst werden kann, um das gesetzte Ziel zu erreichen, dies ist keine andere Art des Minings, sondern eine Gruppierung.

Computer, die zusammenarbeiten, um Belohnungen zu verdienen, können die Gewinne, die durch verschiedene Modi erzielt werden, aufteilen, aber es ist auf keinen Fall ein obligatorischer Modus des Minings.

Grundlegende Überlegungen zum Bergbau

Der Einstieg in den Bergbau ist kein einfacher Schritt, sondern es muss vorher ein ganzes Verfahren durchgeführt werden, um eine praktikable Ausrüstung zusammenzustellen, die über die einfache Wahl des Computers hinausgeht, sondern von der Art der Ausrüstung und den Kosten für ihre Beschaffung abhängt.

Ein weiterer Faktor, der unbedingt zu berücksichtigen ist, ist die Konkurrenz, die in dem Moment, in dem Sie sich auf den Abbau vorbereiten, vorhanden sein kann, ohne die Kosten zu vergessen, die den Stromverbrauch darstellen, da es sich um Geräte handelt, die 24 Stunden lang angeschlossen sein werden und daher eine Kühlung benötigen, um eine Überlastung der Geräte zu vermeiden.

Da diese Faktoren einen Einfluss auf das Mining haben, kann die Rentabilität der Kryptowährung zum jeweiligen Zeitpunkt nicht außer Acht gelassen werden. Daher ändert sich das Mining von Kryptowährungen je nach Art des für das Mining ausgewählten Vermögenswerts.

Rentabilitätsprobleme beim Mining von Kryptowährungen

Die Rentabilität des Mining von Kryptowährungen lässt sich nur schwer bestimmen oder ermitteln, da sie von Fall zu Fall oder von Situation zu Situation variiert, vor allem zu dem Zeitpunkt, zu dem die Einnahmen aus dieser Kryptowährung erzielt werden, und je nach Land, in dem diese Investition getätigt wird, auch der Wert von Strom und Mining-Hardware.

All diese Variablen sind für die Ermittlung der Rentabilität von entscheidender Bedeutung, hinzu kommt jedoch der Betrag, den Sie zu investieren bereit sind. All dies kann durch die Verwendung spezieller Rechner, die diese Aufgabe zusammenfassen, vereinfacht werden, so dass Sie durch die Eingabe einiger Daten zu diesen Variablen eine etwas genauere Zahl ermitteln können.

Eine realistischere Betrachtung dieser Tätigkeit ermöglicht eine Bewertung, um zu erkennen, ob sie sich lohnt oder nicht, insbesondere im Hinblick auf die erforderlichen Investitionen wie Strom, Kühlung, Ausrüstung und Passwörter, die wiederum durch die Bestimmung der Art der Kryptowährung, die Sie schürfen möchten, gelöst werden.

Sie werden nicht immer die gleiche Rentabilität von einer Kryptowährung oder einem anderen, viel weniger zu verschiedenen Zeiten, weil alles ändert sich jeden Tag, so dass alle diese Details sind erforderlich, um eine genaue Berechnung zu machen, können Sie diese auf ein Tool, das diese Art von Informationen studiert, so dass Sie entscheiden können, eingeben.

Um diese Online-Rechner zu nutzen, müssen Sie nur zuverlässige Daten hinzufügen, um die Rentabilität dieser Schritte oder Aktivitäten zu erkennen. Wenn in Ihrem Land oder in Ihrer Umgebung die Energiekosten vernachlässigbar sind, können Sie mehr Gewinn erzielen, wenn Sie diese Art von Aktivität durchführen:

1. **Hash-Rate**

Es ist eines der wichtigsten Maße, weil es die Einheit ist, um die Leistung zu messen, in der Kryptowährungen verarbeitet werden, es befindet sich in einem der grundlegenden Aspekte, um die Menge an Rechenoperationen zu erkennen, die vom Computer durchgeführt werden können, um dies zu wissen, können Sie online das Modell Ihres Computers untersuchen.

2. Höhe des Stromverbrauchs

Die Höhe der Leistung ist bekannt als das, was die Ausrüstung, die Sie für das Mining verwenden, verlangt. Dies erfordert in erster Linie, dass es sich um eine Tätigkeit handelt, die nicht von einem Laptop oder Tablet aus durchgeführt werden kann, sondern von Computern, die ein optimales Leistungsniveau erreichen.

Andererseits muss darauf geachtet werden, dass die Bergbauausrüstung nicht überhitzt wird. Daher ist es wichtig, eine Klimaanlage vor Ort zu haben, damit der Raum nicht zu heiß wird und die Ausrüstung beschädigt.

3. Kosten für Strom

Anhand des Stromtarifs des Ortes, an dem Sie schürfen werden, können Sie den Verbrauch berechnen und sogar überlegen, ob ein Ortswechsel sinnvoll ist, denn das Schürfen ist ein ständiger Vorgang, d. h. eine ständige Zahlung, die von

Preisänderungen und der Rentabilität der Kryptowährung abhängig ist.

4. **Kosten der Hardware**

Die einmal gekaufte Hardware stellt einen einmaligen Kostenfaktor dar, aber es darf nicht übersehen werden, dass man im Laufe des Mining bessere Ausrüstung kaufen muss, oder dass man eine normale Ausrüstung gekauft hat und dann die Anforderungen des Mining einen dazu zwingen, das Niveau der Ausrüstung zu erhöhen.

5. **Pool-Tarif**

Die Teilnahme an einem Pool ist eine Entscheidung, die für viele bequem sein mag, aber die Deckung einer Eintrittsgebühr oder des Prozentsatzes, den Sie zahlen müssen, wird oft nicht angegeben.

6. **Software-Kommission**

Die Kosten, die Teil der Softwaregebühr sind, setzen sich aus einer zu berücksichtigenden Maßnahme zusammen, so dass der Benchmark oder die Rechner eine Rendite angeben können.

Da Sie diese Daten in den Rechner eingeben können, wird der Wert der Kryptowährung genau verfolgt, ebenso wie der Schwierigkeitsgrad, der hinter der Kryptowährung steht, um dies im Hinterkopf zu behalten, wenn Sie über Belohnungen nachdenken, besitzen diese Werte ebenfalls andere Optionen, um es zu einer profitablen Aktivität zu machen.

Der größte Vorteil des Minings konzentriert sich auf die Art der Kryptowährung, die Sie zum Mining wählen, so dass der Wert dieser Vermögenswerte in Echtzeit gemessen werden muss, um den Preis und die Art der Schwankungen zu verfolgen, die hinter der virtuellen Währung existieren, wird dies von den digitalen Rechnern angenommen, um die beste Entscheidung zu treffen.

Rentabilitätsrechner, die Sie verwenden können

Die Anzahl der Rechner zur Messung der Rentabilität ist sehr unterschiedlich, aber die Funktionen sind bei den meisten allgemein gehalten. Wichtig ist, dass Sie die Daten definieren, die in den Feldern abgefragt werden, damit die Ergebnisse Ihnen helfen, sich ein klares Bild zu machen, aber einige können die Berechnung des Werts der Software oder eines ähnlichen Werts auslassen.

Die Funktionsweise dieser Rechner ist jedoch ähnlich, so dass Sie den Rechner verwenden können, der für Sie am einfachsten zu bedienen ist. Sie sind immer noch der beste Weg, um die Rentabilität in Echtzeit zu verfolgen, die Kryptowährung zu wählen, die die besten Boni bietet, und diejenige in Betracht zu ziehen, die am kompliziertesten zu schürfen ist.

Die am häufigsten verwendeten Instrumente zur Messung der Rentabilität des Bergbaus sind die folgenden:

- **CoinWarz**

Es ist als eines der einfachsten Werkzeuge postuliert, weil Sie die Art von Algorithmus wählen Sie wollen, und füllen Sie dann in den Abschnitten, die auf dem Rechner entstehen, zusätzlich zu dieser Berechnung ist auch verantwortlich für die Anzeige der besten cryptocurrencies zu folgen, dass die Mobilität der Rentabilität heute.

In der Münzauswahl können Sie auf drücken, um ein ganzes Diagramm zu erhalten, auf dem Sie Daten hinzufügen können, die das Rentabilitätsniveau und den Nutzen zeigen, den Kryptowährungen durch ihre Vorteile, Belohnungen und vor allem Kosten erzeugen, die alle auf einfache Weise gemessen werden können.

Die Kryptowährungsabfrage ist verfügbar, um auf Daten wie Litecoin, Ethereum, Dash, Zcash, Monero und andere zuzugreifen, die sich im Bereich dieses Tools befinden, da die Eigenschaften dieser virtuellen Währungen verfolgt werden.

- **CryptoCompare**

Es wurde als einer der besten Kryptowährungs-Rentabilitätsrechner eingestuft, da es die Untersuchung einer Vielzahl von virtuellen Währungen ermöglicht. Auf seiner Plattform können Sie Details über diese Vermögenswerte erhalten, von ihrem Preis bis hin zu relevanten Nachrichten wie Tipps.

Auf der anderen Seite ist eine relevante Qualität dieses Rechners, dass alle Daten in einer einfachen Art und Weise ausgegeben werden, so dass die Reihenfolge hilft, ohne so viel Komplikation zu verstehen, von der "Märkte" Abschnitt finden Sie "Mining-Rechner", von diesem Abschnitt die Daten der Hashing-Power-Level integriert ist.

Die Messung der verbrauchten Energie ist eine Realität für dieses Tool, das gleiche gilt für die Schätzung des Prozentsatzes der Pool, so dass das Ergebnis wirklich auf die Art und Weise Sie gehen zu minen, um später zu ändern und kennen den Wert der einzelnen Kryptowährung, die von Ihrer Präferenz ist.

- **Whattomine**

Es stellt eine gute Web-Alternative dar, um die Rentabilität von Kryptowährungen zu verfolgen, dank seiner vollständigen Bedienung und bietet eine Vielzahl von Informationen, bei denen alle Daten nach Ihren Wünschen gefiltert und sortiert werden können, um dann die endgültige Berechnung zu erhalten, müssen Sie nur die gewünschte Währung auswählen.

Auf einem Abschnitt der Plattform finden Sie Informationen zu vervollständigen, wie Werte, Daten, Hash-Rate, Energie, Kosten und andere Prozentsätze, so können Sie auch in Betracht ziehen, um die Schwierigkeit des Mining zu visualisieren, auch konsultieren jede Vielzahl von cryptocurrencies.

- **Münzrechner**

Es hat die gleichen Funktionen wie die vorherigen Rechner, aber mit einer praktischeren Schnittstelle, um es zu handhaben, wie Sie wollen, weil von der "Münzen" Abschnitt können Sie Offenbarungen über die besten hardwares, um das Mining zum Beispiel, so dass Sie den Schritt in Richtung Mining mit größerer Sicherheit nehmen können.

Indem Sie alle Daten wie Hash-Rate, Energie- oder Hardwarekosten und andere eingeben, können Sie das Rentabilitätsniveau dieser Tätigkeit überprüfen, ohne die Unterscheidung zwischen dem einen oder anderen Vermögenswert aus den Augen zu verlieren, um seine Rentabilität zu erkennen.

Die vom Bergbau verwendeten Algorithmen

Bitcoin-Mining ist die Teilnahme an der Überprüfung von Transaktionen, die über das Netzwerk durchgeführt werden, um neue Kryptowährungen zu emittieren. Falls Sie an dieser Art von Mining interessiert sind, müssen Sie alle Anforderungen der Domäne des Algorithmus dieser Aktivität genau beachten, da zwei Arten von Algorithmen für das Mining verwendet werden, wie zum Beispiel die folgenden:

1. Bergbau-Algorithmus

Es wird als Datenverarbeitung anerkannt, dafür braucht man spezielle Hardware, die mit dieser Art von Algorithmus arbeitet. Je nachdem, welche Sie verwenden, ist die Implementierung von Geräten erforderlich, die die Fähigkeit haben, mit diesen Qualitäten umzugehen, im Fall von ASIC-Geräten sind sie für die Arbeit mit spezifischen Algorithmen verantwortlich.

2. Konsens-Algorithmus

Es ist ein Algorithmus, der sich auf alle Mitglieder oder Knoten bezieht, die Teil eines Kryptowährungsnetzwerks sind, und der das Funktionieren des Netzwerks verfolgt, da einige Transaktionen einen bestimmten Zweck oder eine bestimmte Gültigkeit erfüllen, was sich auf die Blockreihenfolge auswirkt, die auf der Kette implementiert wird, sowie auf andere Aspekte.

Die populärsten Konsensalgorithmen sind Proof-of-Work (PoW) und Proof-of-Stake (PoS), außerdem gibt es Zweifel am Arbeitsaufwand für Proof-of-Work, aber Sie sollten sich bewusst sein, dass es sich um einen geringeren Arbeitsaufwand handelt, da es keine Verpflichtung ist, die Sie selbst erfüllen müssen, sondern die Hardware dies übernimmt.

Der Arbeitsnachweis wird als Konsensalgorithmus zur Lösung eines Rätsels beschrieben. Innerhalb dieser Dynamik versucht der Miner, die Antwort so schnell wie möglich zu finden, damit er einen neuen Block in die Blockchain-Transaktionen integrieren kann.

Jedes Rätsel, das für die Blöcke verwendet wird, benötigt verschiedene Lösungen in einer zufälligen Reihenfolge.

Diese Art von Mechanismus bedeutet, dass keine Doppelmünzensuche möglich ist, so dass für jede Lösung eine Belohnung generiert wird und das Finden der Antwort die Anwendung von Mining-Hardware zur Verarbeitung von Daten mit hoher Geschwindigkeit erfordert.

Dies ist der Grund, warum Miner über eine leistungsstarke Ausrüstung verfügen müssen, damit die von Ihnen gewählte Kryptowährung gemint werden kann. In diesem Sinne ist der Proof of Work einer der am häufigsten verwendeten Konsensalgorithmen, insbesondere wenn es um Bitcoin geht, da er eine der ersten virtuellen Währungen ist und PoW verwendet.

Diese Art des Minings erfordert spezielle Hardware, das gleiche gilt für die Auswahl von Monero, Zcash, Ethereum classic, Bitcoin cash und anderen, aber das Ethereum-Netzwerk hat einen Proof-of-Stake-Ersatz oder wird durch eine hybride Funktion gepflegt.

Die Anforderungen für das Mining von Kryptowährungen

Der Schlüssel zur Teilnahme am Cryptocurrency Mining ist es, ein kontinuierliches Lernen aufrechtzuerhalten, in der

Mitte dieser Aktivität voranzukommen und mit einer hohen Dosis an Geduld Gewinne zu erzielen, vor allem, um die notwendige Hard- und Software zu haben, um es zu einer profitablen Aktion zu machen, und ohne die Kosten zu übersehen, die diese Aktion verursacht.

Aber über den Erhalt dieser Geräte, müssen Sie ein Kühlsystem zu implementieren, so dass der Standort nicht von Überhitzung Ausfälle leiden, das Wichtigste ist, dass sowohl Strom und Internet kann stabil sein, sonst wird die Arbeit unterbrochen werden und Sie können nicht ausüben Bergbau, sofort, was Sie brauchen, ist wie folgt:

- **Hardware**

Die Hardware-Ausgabe bezieht sich direkt auf die Schlüsselausrüstung für das Mining der ausgewählten Kryptowährung, dies umfasst im Großen und Ganzen alles von Prozessoren, Grafikkarten und andere spezielle Ausrüstung, sobald Sie in der Lage sind, eine zu wählen, können Sie auf andere Qualitäten passen zu bewegen.

Was jedoch berücksichtigt werden kann, ist die Art des Mining-Algorithmus, mit dem die Kryptowährung, die Sie schürfen wollen, verbunden oder programmiert ist, denn der Mining-Algorithmus ist der Hauptverantwortliche für die Einhaltung der Regeln zum Zeitpunkt der Ver- oder Entschlüsselung der Informationen, die nach jeder Transaktion anfallen.

Mit anderen Worten: Mit Hilfe des Algorithmus wird eine Nachricht erstellt, die einfach zu verstehen ist, bis sie unentzifferbar wird. Auf diese Weise wird auch sichergestellt, dass das Ergebnis nicht wiederholt werden kann, was Teil der Sicherheit des Netzwerks ist, d. h. die Kryptowährung kann nicht gefälscht werden.

Aus diesem Grund sollten Sie, wenn Sie Bitcoin schürfen wollen, ASIC-Bausteine einsetzen, da sie die beste Lösung für den SHA-256-Algorithmus sind. Für das Schürfen von Ethereum oder Zcash ist jedoch eine dedizierte Grafikkarte (GPU) erforderlich, zusätzlich zur Verwendung einer zu 100 % zertifizierten Energieversorgung.

Für das Mining von Monero oder Bytecoin hingegen muss ein Computer-CPU-Prozessor vorhanden sein, um effektiv zu minen und die Gewinne zu ernten.

- **Software**

Es gibt verschiedene Arten von Software oder Programmen, die für das Mining von Kryptowährungen entwickelt wurden, sogar in der Größe von Bitcoin. Das erste, was man braucht, ist also eine Mining-Software, die die Hardware in Gang setzt, um eine Leistung im Netzwerk der Kryptowährung zu entwickeln, damit diese gemined werden kann.

Aus diesem Grund können Sie derzeit verschiedene Arten von Software finden, es hängt alles von der Art der Hardware, die Sie verwenden, sowie unter Berücksichtigung der Art der Kryptowährung, die Sie minen wollen, sind die am häufigsten verwendeten CGminer und Claymore, die erste ist die am häufigsten verwendet, um Bitcoin Bargeld zu minen, während die zweite ist ideal für Ether.

Ebenso müssen Sie ein Programm zur Messung der Leistung der Hardware einbinden, und Sie können die Leistung dieser Hilfsprogramme nach Ihren Wünschen konfigurieren. Im Falle von ASIC-Geräten, wie dem AntMiner von Bitmain, bietet es ein eigenständiges System zur Konfiguration und Überwachung.

Wenn Sie jedoch mit einer GPU schürfen, müssen Sie Software wie MSI Afterburner oder GPU-Z herunterladen und verwenden, um den Zweck des Schürfens zu erfüllen. Die

Schürfanlage, die so genannte Performance, können Sie von der Website des Mining-Pools oder über TeamViewer beziehen, das einen Fernzugriff auf die Anlage ermöglicht.

- **Brieftasche oder Portemonnaie**

Eine unabdingbare Voraussetzung ist eine Brieftasche, um die Zahlungen zu speichern, die Sie beim Mining erhalten, kann dies von verschiedenen Modalitäten wie eine Hardware, eine kalte Brieftasche, oder eine Software, die als eine Anwendung funktioniert, im Falle der kalten Brieftaschen ist es zuverlässiger Ausrüstung, obwohl die Software mit robusten Schlüssel geschützt werden kann.

Online müssen Sie sich vor Hacks hüten, das Gleiche gilt für einige Wechselstuben, daher ist es am besten, sich für die ersten Optionen zu entscheiden, um Ihr Vermögen nicht aus irgendeinem Grund aufs Spiel zu setzen.

- **Kältetechnik und Klimatisierung**

Eine wichtige Anforderung, die nicht außer Acht gelassen werden darf, ist die Klimatisierung des Geländes, denn die Bergbauausrüstung muss auf oder unter einer stabilen Temperatur gehalten werden, damit ihr Betrieb nicht beeinträchtigt wird, vor allem, wenn der Grad der Verarbeitung, dem sie ausgesetzt ist, extreme Hitze erzeugt, die zu einer Verschlechterung führen kann.

Um eine Überhitzung der Geräte zu vermeiden, ist Temperaturkontrolle das A und O, denn sie trägt dazu bei, dass die Geräte eine längere Lebensdauer ohne Ausfälle haben.

Die Temperatur sollte überwacht werden, so dass Sie Spitzenwerte haben, die ein Gerät während des Abbaus erreichen kann, dies hilft auch, einen weniger schädlichen Punkt für den Abbau zu erreichen, eine Kontrolle dieses Niveaus ist vorteilhaft für die Ausrüstung, um sicher zu sein, dies kann durch die genaue Einhaltung einiger Punkte ausgeübt werden, die eine Überhitzung verhindern.

Der erste Schlüssel oder die erste Antwort ist die Kühlung, denn sie ist das Wichtigste, was man in einem Raum aufbewahren muss. Die Lösung liegt in der Klimatisierung und der konstanten Belüftung, und Flüssigkühlsysteme können auch auf die Ausrüstung angewendet werden, um als eine Form der Wartung verwendet zu werden.

Zusätzlich zur Kühlung gibt es die Mining-Konfiguration, d. h. die zugewiesene Leistung kann über die zur Hardware gehörenden Wärmeableiter gesteuert werden, was Hand in Hand mit der zugewiesenen Verarbeitungsleistung geht.

Das Üblichste ist, dass die Mining-Leistung ein wenig gesenkt wird, damit die Geräte länger arbeiten können, denn wenn man Geräte auf der maximalen Stufe hat, können einige Ausfälle viel früher auftreten als aufgrund der Eigenschaften der Geräte erwartet, was sich auf die Höhe der Einnahmen auswirkt, die man für den Abbau ausgibt.

Zinserträge aus Kryptowährungen

Viele Kryptowährungen, die für das Mining ausgewählt werden, haben ein interessenbasiertes Protokoll und einen interessenbasierten Betrieb, da das System jeden Teilnehmer für das Sammeln von Kryptowährungen über ein bestimmtes Netzwerk belohnt, so dass jede Transaktion validiert werden kann, was als Nachweis der Teilnahme bekannt ist.

Das Proof-of-Stake-Protokoll hat keinen hohen Energieverbrauch bei der Validierung von Transaktionen oder bei der Ausgabe von Kryptowährungen, was ein wesentlicher Unterschied zum Proof-of-Work ist, weshalb der Proof-of-Stake aus der Menge an Kryptowährungen besteht, die angesammelt wurden.

Um Teil der Validierung eines PoS-Netzwerks zu sein, ist es unerlässlich, über Kryptowährungen zu verfügen, die für diese Aktivität verwendet werden. Diese Kryptowährungen müssen dann auf der Blockchain blockiert werden, wodurch bestätigt wird, dass die Mittel für keinen anderen Zweck als die Validierung der Transaktionen verwendet werden.

Das bedeutet, dass Sie eine Garantie für die Sicherheit und das Verhalten des Netzwerks selbst bieten, denn wenn Sie eine unangemessene Aktion durchführen, werden die Kryptowährungen blockiert. Innerhalb dieser Dynamik wird die Auswahl des validierenden Knotens dem nächsten Block nach dem Zufallsprinzip hinzugefügt.

Aber je mehr Kryptowährungen Sie für diese Art von Dienstprogramm besitzen, desto größer sind Ihre Chancen, ausgewählt zu werden, und Sie erhalten eine höhere Gewinnspanne. Der Hauptgrund, warum Peercoin, PIVX, NEO und Lisk bevorzugt werden, ist jedoch, dass sie weniger negative Auswirkungen auf die Umwelt haben.

Die Voraussetzungen für das Mining von Kryptowährungen mit PoS

Die Validierung von Transaktionen durch PoS erfordert keinen hohen Stromverbrauch, so dass keine spezielle Hardware erforderlich ist, sondern nur ein Computer mit einer Festplatte, auf der eine Kopie der Blockchain gespeichert werden kann, wobei eine gute Internetverbindung nicht zu vernachlässigen ist.

Bei diesem Verfahren müssen Sie nicht den gesamten Knoten verwalten, um Geld zu erhalten. Es gibt Pools für Kryptowährungen, die ihre Funktionen auf die gleiche Weise erfüllen wie Proof-of-Work-Mining-Pools, wobei es bei dieser Dynamik wichtig ist, dass Sie die Gewinne je nach Beteiligung teilen können.

Auf der anderen Seite gibt es Anforderungen für jedes Netzwerk, vor allem, wenn Sie die Knoten validiert haben wollen, aber diese sind Sicherheit oder Skalierbarkeit Fragen, die auf die Erwartungen der Kryptowährungen basieren, für diese können Sie die Bergbau-Rechner folgen, um die Angaben der Kryptoasset Markt folgen.

Wie man eine Kryptowährung zum Mining auswählt

Ein entscheidender Punkt, wenn man in die Welt der Kryptowährungen einsteigt, ist es, die Rentabilität jeder Form der Monetarisierung derselben zu verfolgen. Dazu muss man einige Variablen über diese Vermögenswerte studieren, eines dieser Details ist der aktuelle Preis, den die Kryptowährung auf dem Markt hat, sowie die Kosten für Strom.

Auch die Mining-Leistung ist bei der Entscheidungsfindung entscheidend, denn einige Kryptowährungen benötigen viel mehr Leistung, das Gleiche gilt für den Kauf von Hardware, diese Art von Daten kann ein Profil der idealen Kryptowährung für das Mining erstellen, ebenfalls können Websites wie WhatToMine oder CoinWarz helfen.

Die Bewertung der Entscheidung zwischen einer Kryptowährung und einer anderen kann auch an der Performance gemessen werden. Diese Sichtweise kann mehr Sicherheit bei der Entscheidungsfindung bieten, allerdings auf einer langfristigen Skala, so dass es sich um einen Schritt handelt, der ein hohes Maß an Ernsthaftigkeit verdient, was kompliziert ist, wenn man eine neue Kryptowährung im Sinn hat.

Daher ist es unerlässlich, die Art des Projekts, das hinter einer Kryptowährung steht, zu untersuchen, denn auf diese Weise können Sie vom Wachstum profitieren, und es ist einfacher zu wissen, welchen Nutzen oder welche Rolle der Vermögenswert hat.

Die Bewertung der Art von Hardware oder Software, die sie benötigen, ist eine weitere Maßnahme, um zu wissen, ob es positiv ist, sie zu schürfen, ohne die Eigenschaften zu vernachlässigen, die hinter der virtuellen Währung stehen, was bedeutet, dass sie von den allgemeinsten der Kryptowährung bis zu den spezifischsten untersucht werden sollten.

Mit Hilfe des Whitepapers können Sie über einen Vermögenswert zu lernen, wie Sie die Erklärung des Projekts zu finden, bietet dies Daten aus der technischen Relevanz, sondern auch auf die ethische, ist dies mit der Roadmap des Projekts verglichen, um das Ausmaß, in dem Sie wollen, dass Kryptowährung und die Frist zu erreichen, es zu messen.

Die Realität oder die Meinung anderer Miner ist ein Punkt, den man berücksichtigen sollte, denn in der Mitte vieler Foren oder Chats kann man eine gemeinsame Entscheidung finden, diese Art von Aspekten sind diejenigen, die es Ihnen ermöglichen, Kryptowährungen auf der Grundlage Ihrer Erwartungen besser zu bewerten, wobei die Rolle der Entwickler desselben ebenfalls eine Rolle spielt.

Alles über einen Mining-Pool

Der Mining-Pool funktioniert wie ein Knotenpunkt, er ermöglicht es einer Gruppe von Kryptowährungs-Minern, sich zu verbinden, so dass die Aktivität gleichzeitig durchgeführt werden kann, wodurch die Mining-Leistung erheblich wächst, dies ist Teil der Hashrate-Werte, so dass jeder im Netzwerk als eine einzige Verbindung teilnimmt.

Es hat sich gezeigt, dass diese Arten von Wetten beim Proof of Work viel besser funktionieren, denn beim Proof of Participation geht es um einen ganz anderen Zweck, nämlich darum, dass die Teilnehmer einem anderen die Entscheidungsbefugnis übertragen können, um den Knoten zu verwalten.

Das bedeutet, dass die Möglichkeit besteht, mehr Blöcke in die Kette zu integrieren und somit die Rewards zu erhöhen. Im Falle von PoW oder PoS wird der Erhalt von Rewards immer so zugeteilt, wie es der Pool-Vereinbarung entspricht, damit sie effektiv verteilt werden.

Die Entscheidung, ob man alleine oder mit jemandem zusammen abbaut, kann sehr schwer sein, aber es kommt auf den Instinkt an und darauf, sich von der Realität leiten zu lassen, um nicht eine Entscheidung zu treffen, auf die man mit einem Team nicht reagieren kann, denn das alles geht

Hand in Hand mit der Art des Gewinns, den man mit dem Abbau erzielen kann.

Der springende Punkt ist jedoch, dass Sie, wenn Sie selbst Kryptowährungen schürfen wollen, vorher investieren müssen, um über die erforderliche Ausrüstung zu verfügen, aber wenn Sie es mit einer halben Investition tun, werden Sie nicht die erforderliche Schürfleistung erreichen, um Gewinne zu erzielen.

Wenn es um Energie geht, wird von einem gesamten Netzwerk mehr Leistung erzeugt als von einem einzelnen Gerät, so dass Gruppenaktivität von Vorteil ist, und das bedeutet, dass mehr Teamfarmen geschaffen werden können, so dass das Mining eines einzelnen Geräts vollständig zunichte gemacht wird.

Da das Mining auf dem Finden eines korrekten Ergebnisses im Kryptowährungsnetzwerk basiert, steigt die Chance auf eine Auflösung mit einer hohen Mining-Leistung, wie sie von einem Pool erreicht wird, weil sie höher ist als bei jedem anderen Knoten im Netzwerk. Wenn man alleine Mining betreibt, sammelt man 1% Hashrate, während sie in einer Gruppe mit beispielsweise 8 Minern bis zu 10% steigt.

Daher ist es in einer Gruppe in der Regel profitabler, je nach der Wirksamkeit der Mining-Power, die sie sammeln können, dies ist der Hauptgrund, warum es gewählt wird, Pool-Mining ist in der Regel viel bequemer vor allem im Vergleich mit der Ausrüstung, in diesem Fall kann der Zweifel entstehen, für Monero, die eine Anti-ASIC Kryptowährung ist zu entscheiden.

Eine Option wie Monero ist machbar, weil es mit CPU-und GPU-Mining verbunden ist, aber auch, wenn Sie eine niedrigere Mining-Ebene die klügste Sache zu tun ist, zu denken und Wette auf einen Pool, können Sie durch CoinWarz die geschätzte Zeit, in der der erste Block wird abgebaut werden und was Sie bekommen.

Die Werte des Netzwerks werden berücksichtigt, um über die Rentabilität jeder Anpassung oder Entscheidung nachzudenken, aber zusätzlich zu der Zeit, die es braucht, um auf eigene Faust zu minen, sollten Sie über die Tatsache nachdenken, dass die Beteiligung an einem Pool eine beträchtliche Menge an Lizenzgebühren generieren kann, das Schlimmste von beiden Maßnahmen ist, dass der Preis der Kryptowährung sinkt.

Die Form der Bezahlung der Pools

Die Auszahlungsform der Pools ist mit einer Ausschüttungsform verbunden, die je nach Unternehmen oder Abkommen variiert, aber die meisten konzentrieren sich auf eine gerechte Verteilung, die auf der Mining-Power jedes Teilnehmers basiert.

Eine Stufe der Gebührenerhebung durch die Pools ist für die neuen Kryptowährungen, die zusammen mit Transaktionsgebühren ausgegeben werden, oder für die Administratoren, die den Erlös behalten, um die neuen Kryptowährungen zu verteilen, je nachdem, wie die Geräte verwendet werden, können die Administratoren einen Prozentsatz dessen berechnen, was gemined wurde.

Diese Art von Gebühr oder Entgelt steht im Zusammenhang mit dem Unterhalt des Pools, aber abgesehen davon, dass man günstige Zahlungsbedingungen für seinen Fall akzeptiert und findet, ist es immer noch ratsam, die Rentabilität zu messen, indem man sich die Geräte ansieht, die die notwendige und signifikante Mining-Leistung erreichen, um eine optimale Hashrate zu erreichen, aber dies ist gleichbedeutend mit einer Investition in die Hardware.

Die Rolle der Web Miner

Die Definition von Web-Minern konzentriert sich auf eine Art von Software, die von einer Code-Basis aus installiert werden kann. Diese kommt von der Website, die dazu führt, dass der Computer und das Gerät jedes besuchenden Nutzers für das Mining verwendet wird; die Installation dieser Art von Software erfolgt durch den Webmaster oder einen Angreifer.

Diese Art von Mining wird als Malware, d.h. als bösartige Software, eingestuft, so dass vor ihrer Funktion gewarnt werden muss, denn wenn Sie diese Art von Schritt nicht zulassen, handelt es sich um eine illegale Maßnahme, auch wenn sie nicht vom Administrator selbst entworfen wurde, was dazu führt, dass Web Miner mit Supermächten in Verbindung gebracht werden.

Im Allgemeinen ist diese Art von Mining eine Verantwortung, denn diese Technologie sollte für eine faire Nutzung eingesetzt werden, so dass die Nutzer nicht negativ beeinflusst werden, da ein unangemessenes Dienstprogramm als ein solches eingestuft werden kann, da es ohne Rücksprache die Leistung der Computer, die auf das Portal zugreifen, beeinträchtigt.

Die Verschlechterung eines Geräts ist auf die Tatsache zurückzuführen, dass Cryptocurrency-Mining erfordert ein höheres Maß an CPU, für den Fall, dass das Gerät nicht über die notwendigen Qualitäten, um die Anforderungen der CPU zu erfüllen, als Ergebnis beginnt es zu arbeiten viel langsamer, und im Falle von Handys beginnt es zu irreparablen Schäden leiden.

Aber abgesehen von diesen bösartigen Funktionen können Web Miner in den richtigen Händen eine viel bessere Anwendung haben, da einige wohltätige Zwecke mit vorheriger Genehmigung für diese Alternative optieren können, und dieses und andere Projekte es Ihnen ermöglichen, zu wählen, wie viel Verarbeitung Sie spenden können, um Ihren Computer nicht zu überlasten.

Dies bedeutet, dass Web-Miner als zusätzliche Option für die Einrichtung von kostenpflichtigen Abonnements oder als eine Form der Werbung auf Websites eingesetzt werden, was akzeptabel ist, solange eine vorherige Genehmigung erteilt wird, die mit der Mining-Leistung verbunden ist, die Sie ebenfalls bereit sind zu erbringen.

Was Bergbau in der Wolke bedeutet

Es handelt sich um einen Service, bei dem Sie eine Mining-Leistung mieten können, so können Sie die Belohnungen erhalten, die Sie erhalten haben, es ist wie eine Art von Mining, aber durch eine dritte Partei, dank der Plattform, die einen Teil Ihrer Mining-Leistung zur Verfügung stellt, dies verursacht mehr Zweifel über die Rentabilität im Vergleich zu tun es allein.

Beim Cloud Mining kommen die gleichen Faktoren zusammen wie beim Pool Mining, so dass es als eine Art relative Rentabilität verstanden werden kann, aber man muss das Risiko berücksichtigen, betrogen zu werden, denn durch die Cloud ist dies häufiger oder unter viel größerer Gefahr.

Das Positive am Cloud Mining ist, dass man nicht in den Kauf von Hardware investieren muss und die Kosten für Strom, Kühlung und andere Dinge sowie die Wartung oder Pflege der Hardware reduziert werden, da man sich nicht darum kümmern muss.

Der einzige Nachteil ist das Auftreten von Betrug, weil die Mining-Power nicht von Ihnen selbst stammt, aus diesem Grund können Sie nicht die volle Mining-Power bemerken, die sie anbieten, und die Vertragskündigungsbedingungen sind nicht günstig für Sie, und sie können sie wirksam machen, wenn die Cryptocurrency-Marktpreise nicht günstig sind.

Mining von Kryptowährungen auf einem Mac

Mac-Benutzer mögen zögern, sich am Cryptocurrency-Mining zu beteiligen, zumal die Gemeinschaft der OS-Benutzer weniger Gelegenheit hat, sich an dieser Aktivität zu beteiligen, aber es sollte nicht übersehen werden, dass der durchschnittliche Windows- oder Linux-Benutzer auch über eine Rechenleistung verfügen muss, die sein Computer möglicherweise nicht besitzt.

Dies ist auf die Entwicklung dieser Art von Technologie, vor allem die Produktion von spezieller Hardware wie ASICs, oder das gleiche geschieht mit GPU-Karten, die eine leistungsstarke Entwicklung haben, so dass Bergbau mit der Verwendung von Personal Computern wurde beiseite gelassen.

Die Welt des Mining wird direkt mit hohen Temperaturen, hohem Stromverbrauch und Computern in Verbindung gebracht, die allesamt ein professionelles Umfeld schaffen, in dem man mit Mining Geld verdienen kann, aber darüber hinaus ist es auch möglich, mit Macs Geld zu verdienen, wenn auch nicht in demselben Ausmaß wie mit anderen Computern.

Aus all diesen Gründen ist es keine gute Idee, vom Mac aus zu minen, auch Windows ist nicht weit verbreitet, aber es ist am besten, in die höhere Rechenkapazität zu investieren, um sich der Konkurrenz in diesem Blockchain-Netzwerk zu stellen, das Sie minen wollen.

Die Aufgabe besteht darin, durch Einsparungen in die Welt des Bergbaus einzusteigen, spezialisierte Software zu implementieren und zu nutzen sowie das Wissen zu erwerben, wie diese Geräte funktionieren.

Ethereum-Schürfen über Ubuntu Linux

Ethereum arbeitet als ein Netzwerk, das große Ähnlichkeit mit Bitcoin hat, aber seine Qualität liegt auf der Teilnahme oder Verwendung von intelligenten Verträgen, das ist ein Fortschritt in der Umgebung von Transaktionen, wie es fördert die Privatsphäre und Anonymität, das ist das Potenzial, das unter dem Ethereum-Projekt liegt.

Aus dieser Überlegung heraus steigt das Interesse am Mining von Ethereum, aber es ist eine Aktion, die nicht so profitabel ist, wie man glaubt, aber es gibt eine Möglichkeit, durch dieses Medium Geld zu verdienen, um dieses Ergebnis zu erreichen, müssen Sie Grafikverarbeitungsleistung haben, wobei die GPU der Schlüssel ist.

Eine der besten Optionen für das Mining ist die Wahl der NVIDIA GeForce GTX 1070, sie ist eine der besten Karten für diesen Zweck, denn neben der Rechenleistung, die sie bietet, senkt sie auch die Energiebelastung, was wesentlich ist, um die Kosten ein wenig zu senken und höhere Gewinne zu erzielen.

Nachdem wir uns mit der Frage der Grafikkarten befasst haben, müssen wir uns als Nächstes mit der Software befassen, denn sie ist es, die es Ihnen ermöglicht, Teil des Netzwerks zu sein, um zu verteilen und zu schürfen. Es ist nicht ratsam, dies über Windows zu tun, da es viel effektiver ist, sich für Linux zu entscheiden.

Ein System wie Linux hat mehr Freiheiten, weil das Betriebssystem frei ist, und reduziert die Kosten für das Mining, weil das Mining bis zu einer höheren Hash-Rate effektiv ist, als es durch Windows erreicht werden würde, wobei die gleiche Hardware implementiert wird, das sind klare Unterschiede zwischen dem einen und dem anderen.

Für Projektserver ist die Verwendung von Linux am besten geeignet, die Entwicklung desselben führt dazu, dass es häufiger heruntergeladen wird, als man denkt. Um den Prozess der Nutzung der Software durchzuführen, müssen Sie Ubuntu installieren, wenn Sie die Linux-Ausrüstung haben, wird der Rest sein, das Programm zu starten und zu konfigurieren.

- **Ubuntu-Installationsanforderungen**

Um Ubuntu zu verwenden, benötigen Sie einen USB-Stick mit mindestens 2 GB, dann müssen Sie Etcher herunterladen, das für Betriebssysteme wie Windows, Mac und Linux verfügbar ist. Schließlich können Sie Ubuntu installieren, nachdem Sie den USB-Stick formatiert und Etcher gestartet haben, um den Schritten des Installationsprogramms zu folgen.

- **Installation von Ubuntu**

Nach diesem Schritt können Sie den USB-Stick an den Rechner anschließen, so dass das System davon bootet. Dies wird vom Installationsprogramm gesteuert, das intuitiv funktioniert, Sie müssen nur das Betriebssystem auswählen, auf dem es installiert werden soll.

Normalerweise ist es am besten, die Festplatte nicht zu partitionieren, sondern Ubuntu voll funktionsfähig zu lassen, und Sie können die Festplattenkapazität erweitern, indem Sie in eine lohnende SSD investieren. Nach Abschluss dieser Installationsoptionen können Sie den USB-Stick abziehen, um den Rechner neu zu starten und direkt zu Ubuntu zu wechseln.

- ## Anmeldung bei der Ethereum-Schürfsoftware

Um Ethereum zu schürfen, müssen Sie Geth und Ethminer starten, die richtigen Treiber für die Grafikkarten installieren und schließlich eine Wallet verwenden oder haben, um die Gelder, die Sie schürfen, zu erhalten, wenn Sie dies tun, müssen Sie nur die Schritte von einem Terminalfenster aus befolgen.

Die volle Funktionalität des Ubuntu-Launchers befindet sich in der linken oberen Ecke der von Ihnen verwendeten Oberfläche und kann über eine Tastenkombination mit der Windows-Taste aktiviert werden, so dass Sie terminal eingeben können und die Schaltfläche zum Ausführen der Anwendung erscheint.

Dann müssen Sie als erstes das APT-Repository installieren, das Teil von Ethereum ist, indem Sie den Befehl eingeben:

Sudo apt - get install

Software-Eigenschaften-gemeinsam

Sudo add-apt-repository

Ppa: ethereum/ethereum

Sudo apt - Aktualisierung erhalten

Sie können dann mit der Installation von geth und ethminer fortfahren, indem Sie die folgenden Befehle eingeben:

Sudo apt - get install

Ethereum ethmier geth

Nachdem Sie diese Schritte durchgeführt haben, müssen Sie sicherstellen, dass die Kartentreiber installiert sind, damit Sie Ethereum-Mining betreiben können. Wenn Sie diesen Schritt nicht durchführen, müssen Sie sich mit Open-Source-Linux-Treibern herumschlagen, die nicht sehr hilfreich sind.

Wenn Sie die Treiber installieren wollen, müssen Sie berücksichtigen, dass die Installation nicht durchgeführt werden kann, wenn Ubuntu läuft. Um die Installation zu beenden, können Sie die Befehle Strg + Alt + F1 verwenden, dann ist es notwendig, den Benutzer und das Passwort einzugeben:

Sudo-Dienst lightdm stoppen

Auf diese Weise können Sie den Grafikkartentreiber in völliger Freiheit ausführen. Sie können nicht übersehen, dass Sie in den Ordner wechseln, in dem der Download erfolgt ist, und nach Abschluss der Installation müssen Sie nur noch den Computer neu starten:

Ethminer -list-devices

Die angezeigte Liste muss mit der Anzahl der Karten übereinstimmen, die Sie besitzen oder installiert haben, außerdem müssen der Gesamtname und der Speicher korrekt sein. Wenn ein Fehler auftritt, bedeutet dies, dass der Treiber nicht richtig funktioniert und dass während des vorherigen Prozesses ein Fehler aufgetreten ist:

Ethminer -M -G

Im Fall von -M bezieht es sich auf Ethminer, während -G das ist, was mit den installierten GPUs ausgeführt wird. Diese Art von Befehl, wenn er zum ersten Mal gestartet wird, startet eine DAG, dies dauert zwischen 8 und 15 Minuten, dann können Sie die minimale Hash-Rate, die maximale und die durchschnittliche visualisieren.

Um die Konfiguration zu beenden, ist es wichtig, die Wallet hinzuzufügen, um das Ethereum zu erhalten, das abgebaut wird, oder jedes, das Sie erhalten möchten. Dies erfordert die Installation von geth, das Ihnen erlaubt, die Wallet zu erstellen, so dass Sie nur ein gutes Passwort erstellen müssen, das Garantien bietet, durch den eingegebenen Befehl:

Geth-Konto neu

Die Kontrolle dieses Schlüssels ist von entscheidender Bedeutung, damit niemand mit Ihren Ethereum-Geldern handeln kann und Sie ihn auch nicht vergessen können, da es keine Möglichkeit gibt, das Passwort wiederherzustellen - diese Vorsichtsmaßnahmen stehen für den Erfolg des Mining-Betriebs.

- **Wählen Sie einen Pool**

Sobald Sie die Software zum Mining bereit haben, ist es am besten, Teil eines Pools zu werden, denn es ist besser, auf eine viel größere kollektive Mining-Power zu setzen, um einen Block zu erhalten, als allein zu arbeiten und weniger

Chancen zu haben, ihn zu erreichen, aber vorher sollten Sie wissen, dass die Gewinne entsprechend Ihrem Beitrag oder Ihrer Aktivität geteilt werden.

Um effektives Ethereum Mining zu implementieren, ist es unerlässlich oder ratsam, Teil eines Pools zu sein. Um die richtige Entscheidung zu treffen, können Sie die Ethereum-Foren verfolgen und einen Pool erkennen, der Ihren Bedürfnissen entspricht, wenn Sie ihn auswählen, müssen Sie die Adresse haben, die auf ethminer enthalten ist, zusätzlich zum Ausfüllen anderer Felder wie Ihre Brieftasche.

Ethminer -U -F "http://eth-eu.dwarfpool.com:80/wallet

Auf der Website des Pools finden Sie alle diese Daten, wie Adresse, Port und andere Details, die für den Beginn des Mining wichtig sind. Die meisten Pools sind anonym und Sie müssen sich nicht registrieren, um an ihnen teilzunehmen, und die Effektivität des Pools kann anhand seiner Statistiken gemessen werden.

Wie man Litecoin schürft

Wenn Sie daran denken, Litecoin abzubauen, gibt es viele Punkte zu beachten und zu wissen, das erste, was zu entdecken ist, ist, dass es ein Netzwerk, das 2,5 Minuten, um jeden Block zu bestätigen, so dass es eines der Vermögenswerte, die vier Mal schneller arbeitet, ist dies ein interessanter Punkt, um diesen Vermögenswert zu betrachten, um es abzubauen.

Die Popularität eines Vermögenswerts wie Litecoin macht es zu einer attraktiven Option für das Mining, zumal es durch eine Vielzahl von Optionen durchgeführt werden kann, von denen jede für verschiedene Budgets geeignet ist, können Sie die folgenden Modalitäten bewerten:

1. **Solo-Bergbau**

Dies hat den Vorteil, dass die Gewinne nicht aufgeteilt oder geteilt werden müssen, so dass Sie mehr Geld bekommen, da Sie von der Provision befreit sind, aber die Investition wird zu Beginn getätigt, um die Ausrüstung zu erhalten.

Das Gleiche gilt für die Bezahlung von Dienstleistungen, da diese einzeln bezahlt werden müssen, weshalb es sich um eine Maßnahme handelt, die für viele kostspielig sein kann und nicht die richtige Option ist, die sie sich erhoffen, abgesehen von der Tatsache, dass man, wenn man keine gute Mining-Leistung entwickelt, viel Zeit damit verbringen kann, ohne einen Gewinn zu erzielen.

2. Bergbauschacht

Falls Ihnen das Solo-Mining zu teuer erscheint, können Sie die Rolle des Mining-Pools in Betracht ziehen, denn hier werden Ressourcen geteilt, sei es Rechenleistung oder Strom, was gleichzeitig die Chance erhöht, die Belohnung hinter dem Block zu erhalten.

Durch diese Alternative ist das Einkommen konstanter, denn beim Bergbau wird bei jeder Gelegenheit der Prozentsatz danach verteilt, was man an Energie oder Leistung bereitstellt, deshalb gibt es derzeit viele Optionen für Bergbauschächte wie die folgenden:

- **Litecoin Mining Pool.** Er gilt als einer der ältesten Pools, da er seit 2011 in Betrieb ist, und verfolgt eine provisionsfreie Politik, die auf der Basis von Pay-per-Share (PPS) funktioniert, was bedeutet, dass die Vergütung entsprechend der gelieferten Energie und dem Strom verteilt wird.
- **Antpool. Er** hat seinen Sitz in China und ist als einer der größten Pools anerkannt. Er erhebt keine Beitrittsgebühr, sondern nimmt einen Prozentsatz der Transaktionen mit Belohnungen ein, die nach der

geteilten Energie aufgeteilt werden, die in der Lage ist, täglich Zahlungen freizugeben.

Dies sind die Pioniere, aber online finden Sie viele weitere, das Wichtigste ist, dass Sie durch ein Forum zu konsultieren, so können Sie die Dynamik messen sie verwenden und wenn es für Sie profitabel ist.

3. **Bergbau in der Wolke**

Um beim Mining nichts beitragen zu müssen, d.h. keine teure Ausrüstung kaufen zu müssen, besteht die Möglichkeit oder letzte Option darin, sich für das Mining in der Cloud zu entscheiden, denn Sie müssen nur eine Plattform bezahlen, damit diese Alternative die Arbeit für Sie übernimmt, so dass die einzige Voraussetzung darin besteht, einen Computer zu haben.

Diese Art von Plattform funktioniert wie eine Gruppe von Computern, die für das Mining von Kryptowährungen eingerichtet sind. Je mehr Computer miteinander verbunden sind, desto effektiver kann man minen, was wiederum ein guter Start für Anfänger ist, weil man nicht in teure Hardware investieren muss.

Aber Vorsicht muss über die Art der Mining-Unternehmen Sie wählen, weil online gibt es eine Menge von Betrügern, die Ihr Geld zu nehmen, so lange vor der Wette auf eine sollte vorher untersucht werden, eine der bekanntesten und sichersten ist Hashflare, für seine Erfolgsbilanz seit 2014.

- **Litecoin-Bergbau-Hardware**

Am Anfang konnte Litecoin Mining nur mit der CPU und GPU durchgeführt werden, was eine kleine Investition zu beginnen, und Sie können immer noch erhebliche Gewinne zu finden, aber dann hat dies fortgeschritten, um potenziell höhere Gewinne durch den Einsatz von ASICs zu minen suchen.

Die Leistung der ASICs ist größer als eine CPU oder GPU, so dass es eine erhebliche Steigerung der Gewinne, weil es eine bessere Ausrüstung, um die profitablen Ergebnisse, die jeder erwartet zu erreichen, aus diesem Grund sehr wenig CPU und GPU verwendet wird, weil sie veraltet sind, dies bewirkt, dass die notwendigen Elemente für diese Bergbau sind die folgenden:

1. **Antminer L3+.** Es ist eine der leistungsstärksten Hardwares für das Litecoin-Mining, sie ist die leistungsstärkste und von BitMain befürwortet, so dass

andere Hardware nicht diesen Grad an Popularität hat. Sie liefert eine Hash-Rate von 504MH/s, um mathematische Gleichungen effektiv zu lösen.

Auf dem Markt können Sie weiterhin nach einer zweiten Option suchen, die eine gute Hash-Rate erzeugen kann, so dass Sie beim Mining gute Ergebnisse erzielen können.

- **Litecoin-Bergbau-Software**

Das wichtigste Stück, für die Software gesucht wird, ist für die Antminer L3+, die durch ihre einfache Anpassung macht es ideal, um mit Software von der Größe eines Bergbau-Grube zu kombinieren, um die richtige können Sie untersuchen, und dann von der BitMain Website können Sie ein Konto erstellen, und dann konfigurieren Sie es und fügen Sie die URL der Bergbau-Gruppe.

Option	Description
Pool URL	Enter the URL of your desired pool. The AntMiner L3+ can be set up with three mining pools, with decreasing priority from the first pool (pool 1) to the third pool (pool 3). The pools with low priority will only be used if all higher priority pools are offline.
Worker	Your worker ID on the selected pool.
Password	The password for your selected worker.

- **Der Litecoin-Preis**

Es ist wichtig, den Wert und die Art der Fluktuation zu berücksichtigen, die Litecoin erfahren kann, da es sich um einen volatilen Vermögenswert handelt, sollten Sie auch andere Möglichkeiten des Minings in Betracht ziehen, die für Sie nützlich sein können, wie z. B. den Einstieg in die Welt dieses Vermögenswerts durch den Kauf an einer Börse für den Handel.

Lernen Sie, wie man Monero per Computer schürft

Das Mining, das Teil von Monero ist, ist etwas Besonderes, weil es eines der wenigen ist, das durch den Einsatz der CPU durchgeführt werden kann, so dass es eine der einfachsten Alternativen ist, um Mining durchzuführen, sogar für Anfänger ist es eine großartige Möglichkeit, sich an diese Dynamik anzupassen, und es ist positiv, weil es eines der am besten gehandelten Vermögenswerte heute ist.

Bevor Sie sich für das Mining von Kryptowährungen entscheiden, sollten Sie sich über die Voraussetzungen im Klaren sein, die für einen Gewinn erforderlich sind. Eine der grundlegendsten Voraussetzungen ist das technische Wissen über das gesamte Verfahren sowie die Ausstattung des

Bereichs mit einer guten Stromversorgung, um ihn stabil, aber gleichzeitig wirtschaftlich zu machen.

Der Bergbauprozess erfordert ein beträchtliches Kapital und eine große Portion Geduld beim Warten auf die Erzielung von Gewinnen, ganz zu schweigen davon, dass man den rechtlichen Status des Bergbaus im Land prüfen und die Wartung der Ausrüstung nicht vernachlässigen sollte, wenn man in der Lage ist, Gewinne zu erzielen.

Auch für die Installation von Mining-Software ist GNU/Linux erforderlich, da es sich dabei um einen offenen Quellcode handelt und die Gefahr eines Virenproblems oder ständiger Sicherheitslücken geringer ist.

- **Der RandomX-Algorithmus**

Die Entwicklung des Monero-Minings konzentriert sich auf den RandomX-Algorithmus, da dieser eine beachtliche Leistung auf CPUs aufweist. Aus diesem Grund ist es nicht notwendig, ASICs zu implementieren, was mehr Leute motiviert, sich am Mining zu beteiligen.

RandomX wird als ein Algorithmus beschrieben, der einen randomisierten Betrieb bietet, also die unabdingbaren Prozesse für das Mining, so dass ASIC-Bausteine bei der

Dezentralisierung des Ökosystems nicht wirksam sind, was bedeutet, dass Sie nur einen Computer benötigen, der für die Mining-Aktivität geeignet ist.

- **Anforderungen für das Mining von Monero**

Die Ausrüstung für das Monero-Mining ist ein PC, Laptop, Notebook oder ein anderes professionelles Gerät, das in der Lage ist, 24 Stunden am Tag und 7 Tage die Woche zu arbeiten, was bedeutet, dass die Mining-Leistung umso besser ist, je mehr technische Qualitäten es hat.

Empfohlen wird ein Computer oder eine CPU mit einem 64-Bit-Betriebssystem, entweder Windows oder GNU/Linux, einer 4-Thread- oder Core-CPU mit mindestens 4 GB RAM, mit einer stabilen Breitband-Internetverbindung sowie einer speziellen Software für Monero und dessen Mining.

In der Regel wird die Software von XMR-Rig verwendet, da sie sehr einfach ist. Außerdem ist es wichtig, eine mit Monero kompatible Wallet zu haben, um einen Ort zu haben, an dem die durch die Mining-Anteile generierten Gewinne eingehen.

- # Schritte und Verfahren für das Mining in Monero

Der Mining-Prozess, den Monero erfordert, kann leicht verstanden werden, indem Sie bestimmte Schritte befolgen. Sobald Sie in der Lage sind, diese zu vervollständigen, können Sie mit dem Mining fortfahren, um einen Gewinn zu erzielen:

1. ## Erstellen Sie die Monero-Brieftasche (XMR)

Eine erste grundlegende Maßnahme ist es, eine Monero Wallet (XMR) zu erstellen, da es funktioniert, um Einlagen zu erhalten, die durch die Mining-Aktivität generiert werden. Am ratsamsten ist es, diejenigen zu verwenden, die von der offiziellen Website von Monero kommen, im Abschnitt "Downloads" und klicken Sie dann auf die "GUI Wallet" Option.

Wenn Sie die Wallet-Option wählen, können Sie die Windows-Version herunterladen, die nur für 64-Bit-Systeme funktioniert. Vor dem Herunterladen können Sie überprüfen, ob es sich um eine Originalversion handelt, damit Sie keinen Virus installieren oder verdächtigen Code auslaufen lassen.

2. Anmelden und die Wallet starten

Sobald Sie die Wallet heruntergeladen und installiert haben, können Sie sie ausführen, um das Sprachthema und den Modus der Wallet-Ausführung zu konfigurieren. In diesem Sinne bedeutet der einfache Modus, dass die Depot-Wallet sich mit anderen Nodes verbindet, um ihre Operation auszuführen, um effektiv Geld zu senden und zu empfangen.

Auf der anderen Seite funktioniert der Bootstrap-Modus auf die gleiche Weise wie der einfache Modus, aber der Unterschied konzentriert sich auf den lokalen Knoten, der in der Lage ist, die Monero-Blockchain auf dem PC zu speichern. Dies ist eine der sichersten Optionen, aber es erfordert einen Platz von 120 GB auf der Festplatte.

Auf der anderen Seite ist der erweiterte Modus, um die komplette Knoten zu installieren, sowie andere zusätzliche Funktionen, so kann es besser sein, diese zu wählen und erstellen Sie die neue Brieftasche, in den Prozess müssen Sie speichern und kümmern sich um die Seed-Phrase Daten, ist es besser, sie in einer physischen Form zu speichern, weil digitale gestohlen werden können.

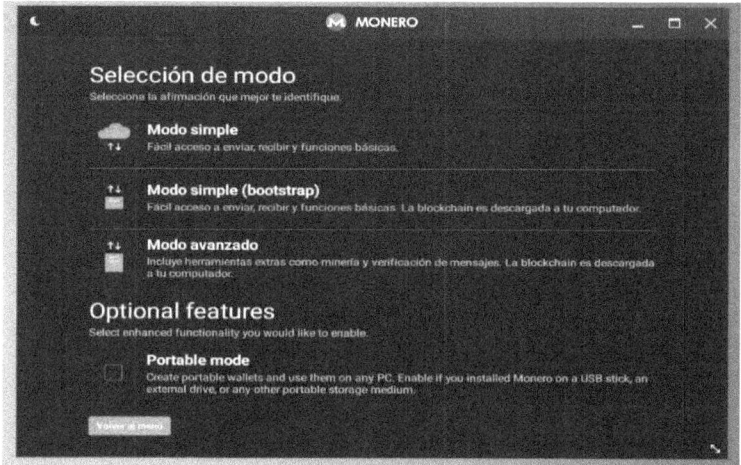

Das nächste, was zu tun ist, ist ein Schlüssel für die Brieftasche zu erstellen, ist es am besten, dass es robust ist, so dass jeder Hacking-Versuch ist kompliziert und mit wenigen Möglichkeiten, der Rest ist, um die Installation zu beenden, um die Brieftasche monero aktiv haben, dieser Prozess erfolgt im Hintergrund ohne jedes Problem.

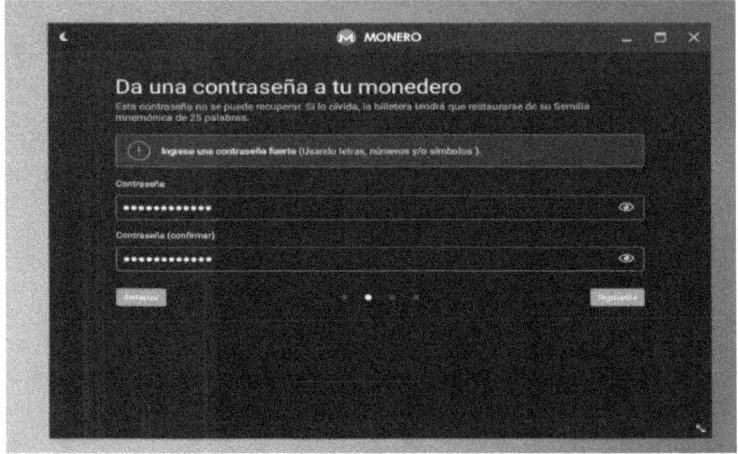

3. Laden Sie die zu verwendende Bergbausoftware herunter

Das Herunterladen der Mining-Software ist das Mittel, mit dem diese Aktivität durchgeführt werden kann, am häufigsten durch die Installation von XMR-Rig, dank seines offenen Quellcodes, der das Herunterladen ohne nachteilige Folgen ermöglicht.

4. Mining-Pool auswählen

Der beste Pool für das Mining ist derjenige, der sicher ist und sich in der Nähe Ihres Landes befindet, da auf diese Weise die Leistung der Mining-Power ähnlich ist.

Um die besten Optionen zu finden, können Sie www.moneropools.com eingeben, ebenso eine andere globalisierte Alternative ist www.supportxmr.com, da es Pools in mehreren Ländern hat.

5. Anpassen der Bergbausoftware

Um mit dem Mining in Monero zu beginnen, müssen Sie das Programm konfigurieren. Dafür können Sie eine Website nutzen, die es zu einem einfachen Schritt macht, suchen Sie einfach nach dem Konfigurationsassistenten, dies ist eine Funktion von XMRig, bei der Sie "Neue Konfiguration" auswählen können, um fortzufahren; "Pool hinzufügen" oder um einen anderen Pool auszuwählen, müssen Sie auf "Benutzerdefiniert auswählen" klicken.

Wenn Sie Benutzerdefiniert wählen, weil der Pool nicht im Menü erscheint, können Sie die erforderlichen Daten eingeben, die vom Pool bereitgestellt werden. Wenn Sie SupportXRM wählen, können Sie neben dem Namen des Arbeiters auch die Daten für die Brieftasche eingeben; als

Nächstes klicken Sie auf die zu verwendende Abbaumethode.

Auf diese Weise können Sie sich darauf verlassen, dass die Konfiguration den von Ihnen ausgewählten Pool verwendet. Es ist immer ratsam, alle Daten anzufordern, damit der Prozess nicht unterbrochen wird.

6. Monero konfigurieren

Der effektivste Weg, XMRig zu konfigurieren, um es zum Laufen zu bringen, ist die config.json-Datei, die für diesen Zweck vorgesehen ist. Sie können die Datei mit einem Texteditor oder Notepad öffnen, den Inhalt löschen und die vom XMR-Assistenten bereitgestellte Datei kopieren.

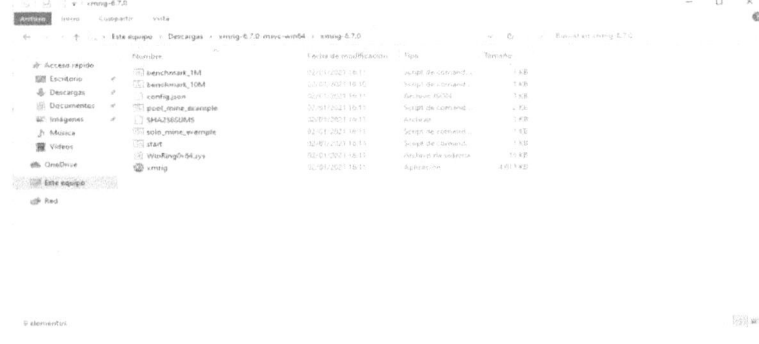

Sobald dieser Schritt abgeschlossen ist, müssen Sie auf die ausführbare Datei xmrig doppelklicken, um den Abbau zu starten.

7. Anwendung der Optimierung von Bergbauausrüstung

Wenn Sie ein fortgeschrittener Benutzer sind, können Sie sich der Optimierung der Ausrüstung und der Mining-Software widmen. Dies ist mit Hilfe der Befehlszeile möglich, um einige Optionen zu ändern, die nicht vorkonfiguriert wurden, dann werden Sie je nach Leistung der Ausrüstung in kurzer Zeit gute Ergebnisse bei der Generierung von Einkommen feststellen.

Das bedeutet, dass das Mining von Monero im Vergleich zu anderen Kryptowährungen einfach und in wenigen Schritten abläuft, so dass es sogar möglich ist, Ausrüstung für das Mining in verschiedenen Pools, die Teil dieser Kryptowährung mit Präsenz in mehreren Ländern sind, zuzuweisen.

Durch das Mining mit einer anderen Methode können Sie dem Wettbewerb in diesem Bereich aus dem Weg gehen, vor allem, weil Ihr Verdienst direkt von der Hash-Rate abhängt, die Teil des Netzwerks ist, so dass der Beitritt zu einem Pool die beste Option sein kann, damit Sie von Moneros auffälligen Bewegungen profitieren können.

Finden Sie heraus, wie man Zcash abbaut

Seit der Geburt von Zcash im Jahr 2013 als Lösung für die Privatsphäre von Operationen, die Bitcoin nicht bietet, ist es ein wichtiger Schwerpunkt im Bereich des Minings geworden, der auf dem Algorithmus namens Equihash entwickelt wird, der nicht mit gängiger Mining-Hardware wie ASICs kompatibel ist.

Mining Entwicklung ist viel richtiger von GPU, ein Teil der Blockzeit von 1,25 Minuten, um eine Belohnung von 6,25 ZEC-Token für jeden Block gelöst zu generieren, wenn dies motiviert Sie durchführen Zcash Bergbau, sollten Sie durch die

Investition in die notwendige Hard-und Software, um einen Gewinn zu machen beginnen.

- ## **Hardware für den Abbau von Zcash**

Es ist notwendig, Mining-Hardware zu haben, um die Software reibungslos laufen zu lassen, aber dafür müssen Sie den Leistungsunterschied auf GPU, CPU und ASIC analysieren, weil sie Arten von Rechenleistung sind, die beim Mining eine Rolle spielen, was dazu führt, dass jeder von ihnen angegeben werden muss:

1. ### **Bergbau mit CPU**

Beim Mining eines Vermögenswertes wie Zcash ist es notwendig, CPU-Prozessorleistung zu implementieren, aus diesem Grund ist es am besten, eine hohe Leistung zu haben, die von AMD Ryzen Threadripper 1950x, plus 16 Kerne mit einem 32-Thread-Prozessor zur Verfügung gestellt werden kann, die auf rund 900 $ geschätzt werden würde.

Dieser Weg verlangt zu berücksichtigen, dass das Mining von Zcash durch CPU kann nachteilig sein im Vergleich zu GPU, weil die Verwendung von CPU hat eine niedrige Rendite auf Investitionen, so ist es am besten für GPU entscheiden, um die erwarteten Gewinne zu erzielen.

2. GPU-Bergbau

Die GPU-Mining-Medium beschäftigt bereits bestehenden Grafikkarten auf Kryptowährungen, die ASIC resistent sind, erzeugt dies eine sicherere Wahl der GPU, wie es über die ASIC und CPU ist, um die am besten geeignete können Sie AMD-Karten oder diejenigen, die NVIDIA sind zu wählen.

Da der Miner in diesem Fall auf dem Equihash-Algorithmus basiert, kann er die Leistung von MD-Karten übertreffen. Dies erfordert, dass Sie eine GPU-Karte mit 1 GB RAM auswählen, die häufigste Wahl auf dem Markt ist die GTX 1080 wegen ihrer Energieeffizienz, plus die GTX 1080 Ti, die leistungsstark, aber teuer ist.

Andere Kartenoptionen sind die AMD Vega 56/64, die eine gute Leistung liefern, aber einen hohen Preis haben. Es ist wichtig, die Qualität mit dem Preis zu vergleichen, um die beste Leistung zu erhalten.

3. Bergbau mit ASICs

Zuvor wurde wiederholt, dass der Equihash-Algorithmus gegen ASIC-Hardwares resistent ist, aber Bitmain gab eine Erklärung über die Einführung eines Zcash-kompatiblen ASICs für diese Art von Minern heraus, der als Antminer Z11 bezeichnet wird und die Leistung des Z9 mini um bis zu dreimal übertrifft.

Die Antminer Z11 Job bietet eine Hash-Leistung von 135 KSol / s, mit einem 12-nm-Chip, um einen Stromverbrauch von 1418W unter einer Energieeffizienz von 10,50 J/Ksol, ebenso ein anderer ASIC, die kompatibel sein kann, ist Innosilicon A9 Zmaster, obwohl es nicht über die gleiche Unterstützung.

- **Zcash-Bergbau-Software**

Sobald Sie die Hardware für das Mining erforderlich ist, ist der nächste Schritt, um die Installation der Zcash Mining Software, für diese können Sie eine gute Auswahl an Software, die kompatibel sind, um mit dieser Software wie Zcash Mining Software arbeiten zu finden, aber es ist ein CPU-only-Modus.

Sie können AMD-GPUs wie Optiminer, Claymore und Genesis SGminer sowie Nvidia-GPUs im Rahmen ihrer Optionen wie EWBF Cuda, Nicehash EQM und NEHQ verwenden oder sich dafür entscheiden.

- **Schürfen Sie Zcash alleine oder in einem Pool**

Zcash-Mining allein war einst profitabel, aber dann wurde die Netzwerk-Hash-Rate sehr hoch, bis zu dem Punkt, dass ein höheres Maß an Strom und Hardware benötigt wird, was in der Summe bedeutet, dass es eine teure Option ist, so dass die beste Alternative ist, mit einer Mining-Gruppe zu denken.

Es ist möglich, alleine zu schürfen, aber unter der Prämisse, dass man einen geringeren ZEC-Gewinn erzielen kann und eine hohe Anzahl von GPUs sowie ein höheres Maß an Strom und Willenskraft benötigt, ist es besser, sich für einen Pool zu entscheiden, der aus einem Zusammenschluss mit anderen Schürfern besteht, um die Chancen auf den Erwerb von Token zu erhöhen.

In einem Mining-Pool bündelt jeder der Miner seine Leistung, so dass die Blockchain-Rätsel schneller gelöst werden können, so dass die Gewinne dann unter den Minern verteilt werden, wobei die Rechenleistung jedes einzelnen unterschieden wird. Sie können einige Pools wie Antpool, Coinotron, Coinmine, F2pool, Poolin, Zhash und andere konsultieren.

- **Zcash Bergbau Zitat**

Mit dem von Coinwarz angebotenen Zcash-Mining-Rechner können Sie die Rentabilität des Minings abschätzen, insbesondere unter Berücksichtigung der von Ihnen verwendeten

Hardware, da die Hashrate bestimmt, wie viel Sie minen können, ohne dabei die Energiekosten und andere Gebühren der Miner im Falle eines Pools zu übersehen.

Aber es ist eine Art von Mining, die als einfach eingestuft wird, und die Rentabilität variiert je nach Zeitpunkt der Kryptowährung, so ist es am besten, die Schätzungen der Zcash Mining Rentabilitätsrechner zu folgen, weil es mehr aktuelle Zahlen oder Daten über Preise, Blockzeiten und Hashrate gibt.

Um diese Art von Aktivität zu messen, müssen Sie nur den Hardware-Typ oder das Modell sowie die Hash-Informationen zusammen mit der Rentabilität hinzufügen. Um diese Ergebnisse zu erhalten, können Sie die Rechner von CryptoCompare, WhatToMine, Coinwarz und MyCryptBuddy verwenden.

Bergbau vs. Investitionen; die Überlegungen beim Einstieg

Das Erlernen und die Beschäftigung mit dem Mining erfordert Zeit und Ausdauer, um sich voll und ganz auf diese Tätigkeit einzulassen, so dass es zu einer äußerst lukrativen Entscheidung wird, vor allem, wenn Sie sich entscheiden, ob

Sie das Mining auf eigene Faust oder über ein Unternehmen in der Cloud durchführen.

Wenn Sie es selbst machen, müssen Sie, wie oben erwähnt, Logistik und eine große Investition in Hardware tätigen, vor allem in spezielle Hardware für diese Art von Zweck, weshalb sich die meisten Leute für die Cloud entscheiden, weil dies wirtschaftlicher ist.

Die Prüfung und Untersuchung beider Optionen führt dazu, dass Sie sich für den besten Weg entscheiden, zumal jede sowohl ihre Vorteile als auch ihre Nachteile hat, was bedeutet, dass eine gründliche Analyse erforderlich ist, um herauszufinden, welcher Weg für Sie der beste ist. Seit der Gründung von Bitcoin im Jahr 2009 hat sich das Mining-Verfahren als einfache Aktivität herausgestellt.

Das bedeutet, dass es früher mit einem persönlichen Laptop, der nicht einmal schnell war, möglich war, Gewinne in der Welt der Kryptowährungen zu erzielen, aber dann wurde es komplizierter, obwohl es nicht bedeutet, dass es unmöglich ist, in diese Art von Dynamik einzusteigen, es bedeutet nur, dass es eine Industrie war, die sich entwickelt hat.

Aus diesem Grund kann man Bitcoin auf zwei Arten schürfen, und wenn man sie gut kennt, kann man das Risiko eingehen und nach den erwarteten Gewinnen Ausschau halten, wenn man die Hardware-Preise und die Schwierigkeit des Minings bedenkt, das zu harter Arbeit geworden ist, um es zu einer sinnvolleren Investition zu machen.

Allerdings übt der Markt aufgrund des volatilen Niveaus auch seinen Einfluss aus, was eine große Herausforderung darstellt, die Rentabilität dieser Aktienklasse im Auge zu behalten, indem man die Bitcoin-Technologie verfolgt, die derzeit nur wenige Veränderungen erfährt und deren Bewertung nicht drastisch einbricht.

Vor dem Abbau müssen unbedingt die folgenden Schritte oder Maßstäbe beachtet werden:

1. **Bergbauunternehmen auswählen**

Cloud Mining ist eine Praxis, bei der Mining-Hardware gemietet wird, so dass es einer anderen Person überlassen wird, die Arbeit für den Eigentümer der Ausrüstung oder des Stroms zu erledigen. Diese Art der Investition in die Ausrüstung wird in Bitcoin bezahlt, unabhängig davon, ob sie für das Mining dieser spezifischen Kryptowährung verwendet wird.

Bevor man sich für diese Art von Alternative entscheidet, ist es am besten, die Meinungen all derer gründlich zu untersuchen, die diese Art der Einkommenserzielung nutzen, vor allem, weil viele Unternehmen beschließen, sich an dieser Option zu beteiligen, dann aber wieder verschwinden, so dass es am besten ist, sich für zuverlässige Unternehmen zu entscheiden, die respektiert werden, um mit ruhigem Gewissen zu starten.

Es gibt eine breite Palette von Optionen für Cloud-Mining-Unternehmen, durch CryptoCompare können Sie eine gut zusammengestellte Liste mit Bewertungen für Benutzer Bewertungen zu finden, aber es ist wichtig, von Optionen und Vorschläge, die nur versuchen, einen Betrug zu postulieren unterscheiden.

2. Bergbaupaket wählen

Sobald Sie die Auswahl eines Cloud-Mining-Unternehmens mit einer formalisierten Registrierung getroffen haben, besteht der nächste Schritt darin, ein Mining-Paket zu wählen, bei dem Sie die Leistungsmenge sowie die Höhe des Preises, den Sie sich leisten können, und die Vereinbarungen über die Leistungen der einzelnen Parteien festlegen.

Normalerweise können Sie durch die Zahlung einer höheren Provision Zugang zu einem hohen Leistungsniveau oder einer schnellen Leistung haben, aber dies ist keine zwingende Regel. Um zu entscheiden, können Sie das Angebot verschiedener Bergbauunternehmen vergleichen, da Sie auch den aktuellen Wert verfolgen können, der auf dem Markt angeboten wird.

Andere Aspekte, die auch dazu beitragen, die profitableren Seite zu messen, ist die Schwierigkeit des Mining, die für Bitcoins gesetzt ist, sowie die Benchmarks, die auf die Macht, die Sie durch die Vermietung zu erreichen existieren, aber alle diese Zahlen ändern, sie haben nicht ein festes Angebot, weit davon entfernt.

Was Sie tun können, ist zu schätzen, wie weit eine Kryptowährung wie Bitcoin können Sie diesen Schritt zu nehmen, für all dies können Sie die Coinbase Rentabilitätsrechner, wo Sie einige Alternativen oder Variablen auswählen können, um eine Berechnung, die Ihre Zweifel reduziert machen zu verwenden.

Diese Unternehmen bieten in der Regel einen festen Vertrag als eine Art Vorverkauf an, d.h. Sie müssen im Voraus bezahlen und können dann, wenn die Hardware verfügbar ist, daran teilnehmen. Dies ist nicht empfehlenswert, da das Risiko, betrogen zu werden, sehr hoch ist und man sich letztendlich nicht zu 100 % sicher sein kann, dass es sich um einen rentablen Vertrag handelt.

3. Zu einer Bergbaugruppe gehen

Sobald der Vertrag erstellt wurde, besteht der nächste Schritt darin, dem Mining-Pool beizutreten, d. h. dem globalen Mining-Team, dem Sie beitreten können. Diese Art von Alternative erhöht die Chancen, Bitcoin durch Mining zu verdienen, und wird als Standardpraxis definiert.

Hinter jedem Mining-Pool gibt es auch einige Vor- und Nachteile, können Sie berücksichtigen die Art der niedrigen Gebühren, die Sie finden können, um dies als die beste Gelegenheit zu klassifizieren, in diesem Sinne ist die beliebteste Pool Slush Pool, aber es ist immer noch ratsam, einige Forschung im Voraus zu tun, weil nicht alle von ihnen zuverlässig sind.

4. Wählen Sie eine Brieftasche

Nach der Auswahl der Mining-Gruppe bleibt nur noch ein letzter Schritt, nämlich die Einrichtung eines Kontos, über das Sie die Bitcoins erhalten, denn es ist am besten, wenn die

Kryptowährungen aus der Cloud entfernt werden, so dass sie von Ihrer Geldbörse aus verwaltet werden können, was eine sicherere Methode darstellt.

Ebenso bieten einige Unternehmen die Möglichkeit, Ihre Gewinne zu reinvestieren, vor allem für Sie eine höhere Streuung Macht zu verwenden, ist das Wesentliche, dass Sie darüber nachdenken, was Sie mit den Bitcoins, die Sie aus dem Mining Arbeit zu bekommen, wie sie Mittel, die Sie sogar in jedem Geschäft wegen der Akzeptanz, die sie haben, verwenden können.

Eine weitere Maßnahme, für die Sie sich entscheiden können, ist HODling als Bitcoin-Erhaltung, eine praktikable Strategie, um von einem profitablen Moment des Vermögenswertes zu profitieren, d.h. wenn der Wert des Vermögenswertes steigt, wird es für denjenigen, der diese Art von Kryptowährung speichert, günstig sein, einen höheren Prozentsatz zu haben.

Es geht nicht darum, ein Finanzberater zu sein, sondern darum, die Vorhersagen zu verfolgen, die über Kryptowährungen auftauchen, um die Entscheidung zu treffen, diese Anlageklasse zu halten, auch wenn Sie Hardware haben, um virtuelle Währungen zu hinterlegen.

- **Bitcoins schürfen mit Ihrer eigenen Hardware**

Bevor Sie eine Investition in Mining-Hardware tätigen, können Sie einen Bitcoin-Mining-Rechner verwenden oder anwenden, damit Sie die einzelnen Kosten untersuchen können, denn es ist unmöglich, eine Gewinnrate zu ermitteln, ohne die Kosten zu berücksichtigen, die diese Art von Aktivität verursacht.

Ein weiterer Aspekt, den es zu berücksichtigen gilt, sind die schwankenden Preise aufgrund von Stromproblemen. Diese Art von Variablen ist ein Punkt, den es zu bewerten gilt, weshalb es für viele eine kostspielige Aktion sein kann, und gleichzeitig kann die Möglichkeit, einen Gewinn zu erzielen, für eine große Anzahl von Minern gering sein.

Die Konfiguration der Mining-System ist teuer, so was Sie sollten prüfen, ist die Art der Zugang Sie haben, um Strom, sondern unter einem billigen Modalität, das gleiche gilt für die Internet-Verbindung, muss dies eine leistungsstarke Ressource, die wiederum gilt für die hardwares von ASIC-Miner, die der neuesten Generation sein kann.

Die Hoffnung, durch Mining Geld zu verdienen, erfordert die Verwendung von AsicMinerValue, Sie können alle technischen Anforderungen sehen, die dies mit sich bringt. Ein idealer Service für das Mining ist NiceHash, wo Sie Ihre eigene Methode implementieren können, wo jeder Benutzer ASIC oder GPU/CPU-Maschinen anschließen kann, um sie für das Mining zu mieten.

Die durch den Bergbau erzielten Gewinne können mit Hilfe des Rentabilitätsrechners überprüft werden, um den Ressourcenverbrauch und damit die Kosten des Bergbaus zu berücksichtigen und so das Potenzial dieser Tätigkeit für die Fortsetzung des Bergbaus oder für weitere Investitionen zu ermitteln.

Mindestanforderungen an die Hardware zum Mining von Zcash und Ethereum

Die allgemeinen Anforderungen für das Mining von Zcash oder Ethereum gehen Hand in Hand mit den Grafikkarten, die Sie auswählen können, in der Regel sind die Favoriten AMD oder Grafiken wie NVIDIA, so dass mit einer dieser beiden Hardwares, können Sie andere kompatible Maßnahmen folgen.

Das Mining von Kryptowährungen erfordert meist ein Mining-Rig mit einer ganzen Reihe von Mindestkomponenten, um diese Systeme nutzen und ausnutzen zu können. In jedem Moment darf die Berücksichtigung des grafischen Aspekts nicht außer Acht gelassen werden, denn es ist eine Qualität, die Aufmerksamkeit verdient, um die Rentabilität zu visualisieren.

1. Grundplatte

Beim Mining von Kryptowährungen sollten Sie auf das Motherboard achten, da es ein Schlüsselelement ist und seine Auswahl alles repräsentiert. Sie können sich also eines aussuchen, das Ihren Bedürfnissen entspricht, aber dafür müssen Sie im Voraus die Anzahl der Grafikkarten kennen, die installiert werden sollen.

Je nach Anzahl der zu installierenden Grafikkarten kostet ein Modell wie das Biostar TB 250-BTC, das für sechs Grafikkarten ausgelegt ist, 90 Euro, während eine andere Variante wie das Biostar TB250-BTC PRO für bis zu zwölf Grafikkarten geeignet ist und 200 Euro kostet.

Wichtig ist, dass Sie auf dem Markt eine breite Palette von Optionen finden können, aber das gemeinsame Design ist, dass sie für Intel-Prozessoren sind.

2. Prozessor

Die Entscheidung des Prozessors ist sehr einfach, weil es nicht notwendig ist, eine sehr fortgeschrittene Art von Prozessor, sondern eine grundlegende Intel Core i3 wird mehr als genug sein, in diesem Sinne stellen sie eine der häufigsten Optionen, vor allem die Core i3, die grundlegend sind, durch einen zugänglichen Tarif.

Was passiert mit dem Prozessor ist, dass während des Bergbaus sie nicht zu viel Last zu unterstützen, aber alles wird von der Grafikkarte unterstützt, in diesem Sinne AMD ist nicht berücksichtigt, weil es nicht üblich ist, Motherboards für diese Modalität gelten, deshalb sind sie Prozessoren, die nicht als Haupt Empfehlung unterstützt werden.

3. RAM-Speicher

Die Vielfalt der RAM-Speicher-Optionen macht es eine offene Entscheidung, aber die meisten grundlegenden ist 4 GB RAM, das ist funktional, so dass das Programm ohne Probleme laufen kann, können Sie auch für ein Modul oder zwei entscheiden, ist es am besten, um sicherzustellen, und verwenden Sie zwei Module, um die Dual-Channel-Konfiguration zu implementieren.

Diese Speicher müssen für eine bessere Leistung mit einem Heatsink versehen werden, und wenn Sie sie in Zukunft verkaufen wollen, haben Sie eine bessere Chance, dies zu tun. Manche ziehen es vor, den Einsatz zu erhöhen und in DDR4-RAM zu investieren, um dies zu tun.

4. Lagerung

Die Festplatte kann problemlos mit einer SSD arbeiten, obwohl eine Alternative wie eine SATA-SSD 120 GB für diese Art von Aktivität funktioniert. Eine andere Möglichkeit ist die Verwendung einer mechanischen Festplatte von mindestens 500 GB oder 1 TB, damit sie problemlos verwendet werden kann.

5. Stromversorgung

Die Stromversorgung kann einer der teuersten Punkte sein, aber Sie können von der Mindestqualität von 1000W ausgehen, aber je nach Anzahl der Grafikkarten benötigen Sie möglicherweise zwei Netzteile, so dass Sie die Unterstützung auf jedem von ihnen erweitern können.

Am besten entscheiden Sie sich für ein Modell, das 1250 bietet, damit es jede Grafikkarte unterstützen kann. Es stellt also eine der schwersten Investitionen dar, ist aber eine notwendige Komponente.

6. Grafikkarte

Ein Schlüssel zum Mining ist die Funktion der Grafikkarte, im Fall von Ethereum zum Beispiel ist es wichtig, AMD und die RX 570/580 oder eine andere mit ähnlichen Qualitäten zu haben, aber diejenigen, die nicht kompatibel sind, sind die RX Vega, aber Zcash kann mit NVIDIA abgebaut werden, was für andere Vermögenswerte funktioniert.

Aus diesem Grund ist die Entscheidung oder die Auswahl der Kryptowährung ein wichtiger vorbereitender Schritt, auf diese Weise können Sie eine Grafikkarte wählen, die weithin kompatibel sein kann, die am besten geeignete von NVIDIA sind die GTX 1060 und jede andere GTX, aber das Top-Level dieser Reihe ist GTX 1080 Ti.

7. Steigleitung

Es ist bekannt als eines der unverzichtbarsten Elemente zur Ergänzung der Bergbau-Rig, aber es muss eine Version 6 sein, um die erwartete Leistung zu liefern, durch Funktionen, die eine große Chance auf der Grundlage der Schutz sie erzeugen und die einfachste Sache ist, dass sie einen niedrigen Wert haben.

8. Fahrgestell

Es gibt viele Fragen über die Wahl des Gehäuses, aber in diesem Fall ist es nicht ein Teil, das Sie verwenden werden, da sie keine Unterstützung für das Niveau der Grafikkarte haben, so ist es nicht möglich, ein Gehäuse zu haben, aber auf dem Markt können Sie Lösungen finden, um diesen Aspekt zu decken und sie können sogar nach Maß gefertigt werden.

All diese Elemente summieren sich zu einer Gesamtinvestition von etwa 3.000 Euro, abhängig von der Ausrüstung, die Sie bereits besitzen, plus dem Wert der von Ihnen gewählten Kryptowährung, plus der Überlegung, sich für einen großen Raum mit ausreichender Belüftung zu entscheiden, und der Vision, die Belohnungen zum besten Zeitpunkt zu verkaufen.

Beste GPU für Ethereum-Mining

Seit der Markteinführung der NVIDA RTX 3060 gibt es verschiedene Meinungen zu dieser Art von Bauteil, vor allem, weil sie immer auf der Suche nach einer sicheren Investition sind, dies ist leicht zu bestimmen durch ihre Hashrate und die

Kosten, die sie haben, so dass eine vollständige Klassifizierung gebildet werden kann.

Das Mining von Kryptowährungen erfordert eine Reihe von Vorentscheidungen, darunter die Auswahl des Grafikprozessors auf dem Markt sowie die Überwindung einiger Rückschläge wie Stromausfälle oder die Kosten für diese Art von Dienstleistung, die sich alle gleichzeitig auf die Verschlechterung des Grafikprozessors auswirken.

Das ursprüngliche Konzept ist, dass Grafikkarten als positive Unterstützung für das Gaming arbeiten, so dass sie den Anforderungen des Mining gerecht werden können, so dass Sie die besten GPUs für das Mining auf der Grundlage der Hashrate, die sie bieten, recherchieren können.

Bei der Bewertung dieser Aspekte hat man jedoch auch mit der Tatsache zu kämpfen, dass es keine feste Hashrate gibt, da eine ganze Reihe von Faktoren ins Spiel kommen, darunter die Art des verwendeten Algorithmus, die Art der Taktfrequenz der Grafikkarte sowie die Softwareoptimierung.

Dies wiederum hilft Ihnen, sich im Voraus darüber im Klaren zu sein, welche Art von Hash-Rate Sie erreichen oder erwarten können. Wenn Sie sich beispielsweise für Ethereum entscheiden, würden Sie den Ethash-Algorithmus verwenden, der einer der am häufigsten verwendeten Algorithmen ist; auf dieser Grundlage können Sie wissen, welche GPU-Marken und -Modelle am häufigsten verwendet werden und welche Art von Hash-Rate Sie erwarten können.

Um diese Teile zu vergleichen, wird zusätzlich der Wattverbrauch untersucht und die Art des Gewinns, den Sie für 24 Stunden schätzen können, aber der endgültige Gewinn hängt immer noch von dem Wert oder dem, was Sie für den Stromverbrauch zahlen, wie folgt klassifiziert:

- **Nvidia RTX 3090.** Es hat 110 MH/s, 300W und erzeugt 8,95 pro Stunde.
- **Nvidia Rade auf VII.** Es erzeugt 93 MH/s, etwa 200 W mit einem stündlichen Wirkungsgrad von 7,57.
- **Nvidia RTX 3080.** Es entwickelt 91,50 MH/s, durch 230W zu werfen 7,44 pro Stunde.
- **AMD RX 6900 XT.** Es liefert 64 MH/s, im Gegenzug 150 W und etwa 5,21 pro Stunde.

Innerhalb dieser Klassifizierung ist die RTX 3090 die vorherrschende für Ethereum-Mining, aufgrund der Tatsache, dass unter der Verwendung des Ethast-Algorithmus erreicht es eine Rate von 110 MH / s, aber im Gegensatz zu diesem ist es eine Karte, die bis zu 300 Watt benötigt, so dass die elektrischen Kosten können die Gewinne stark beeinflussen.

AMDs beste GPU-Karte ist derzeit die Radeon VII, denn sie hat eine Leistung von über 4 Jahren und bietet 93 MH/s Hashrate bei einem Stromverbrauch von 200 Watt, was darauf hindeutet, dass sie eine sehr kostengünstige Alternative ist, wenn man jedes dieser Details berechnet.

Ebenso ist die Mining-Leistung der RTX 3060 sehr gehemmt oder begrenzt, da sie nur bis zu 42 MH/s erreicht, also niedriger ist als die Leistung der RTX 2080, und das gleiche passiert mit der RTX 3070, die nur 58 MH/s erreicht, diese Art der Unterscheidung zwischen dem einen und dem anderen ist der Schlüssel zum Kauf der besten.

Die meisten darüber gesprochen ist, dass die RTX 3060 hat seinen Zyklus innerhalb Bergbau abgeschlossen, weil es nicht über eine gute Leistung auf moderne Algorithmen, die entworfen, um Ethereum zu minen sind, das gleiche geschieht mit der RTX 3060 TI, dass eine begrenzte Leistung entwickelt, weil das, was es sucht, ist, dass die Grafikkarte attraktiv für die Gamer-Welt ist.

Diese Art von Fokus auf Gamer, verursacht Miner nicht genug, es ist eine Frage der Benutzerpräferenz, so NVIDIA wird genau beobachtet, und wenn es die Hashrate reduziert, dann ist der beste Weg zu gehen, um AMD zu bevorzugen, auch wenn die Radeon-Modell kann teuer oder schwer zu bekommen, wird es eine Voraussicht zu nehmen.

Aktuelle Bitcoin-Schürfanlagen

Die aktuellen Restriktionen in China haben zu einem Wandel im Bitcoin-Mining geführt, der die Miner dazu veranlasst, ihre Aufmerksamkeit wieder auf diese Aktivität zu richten, weshalb die Beteiligung an dieser Art von Aktivität zugenommen hat, insbesondere weil China aufgrund der Energiepreise 65 % des weltweiten Minings generiert hat.

Aber die chinesische Regierung hat Maßnahmen ergriffen, um die Mining-Aktivitäten im ganzen Land um bis zu 90 % einzuschränken. Dies wurde als unhöfliche Kampagne bezeichnet, die die Bitcoin-Mining-Aktivitäten in den letzten Tagen oder Monaten verringert hat, was anhand der im Land generierten Hashrate untersucht wurde.

In China wurde diese Art von Maßnahme untersucht, die 90 % der in der Entwicklung befindlichen Bergbaukapazitäten in den Schatten stellte, so dass der Bergbausektor des Landes vollständig minimiert wurde, was zur Folge hatte, dass der Bergbauplan auf andere Gebiete der Welt übertragen wurde.

Aufgrund der Repressionen in China war es notwendig, an eine parallele Beteiligung oder an einem anderen Ort zu appellieren, was gleichzeitig die Schwierigkeit verringert und es zu einer viel lukrativeren Aufgabe macht, da es sich nicht mehr um eine gefragte Tätigkeit handelt, sondern einfacher und wiederum profitabel wird.

Der Grund für die Maßnahmen gegen den Bergbau sind die Auswirkungen des Bergbaus auf die Umwelt, aber er wird auch im Vergleich zu den durch Mineralien oder Edelmetalle verursachten Beeinträchtigungen verteidigt, aber in diesem Fall geht es um die Validierung von Transaktionen, die zwischen ihnen stattfinden.

Die Komplexität der Operationen hat abgenommen, was wiederum die Art der Ausrüstung verringern kann, die zur Lösung des mathematischen Rätsels benötigt wird, und dieser Abbauprozess ist es, der Belohnungen auslöst und der Hauptanreiz für diese Art von Aktivität ist.

Die beste Software zum Schürfen von Ethereum

Mining durch Grafikkarten, wobei eine Modalität, die häufig in den letzten Jahren geworden ist, im Falle von Ethereum ist es machbar, für Grafikkarten, die auf Mining-Software, die vorherige Studie verdienen, um die beste Entscheidung über AMD reagieren können entscheiden.

Im Falle der Verwendung von AMD- oder NVIDIA-Grafikkarten werden verschiedene Softwareprogramme verwendet, die diese Teile unterstützen können, wie z. B. ETHMiner, eines der heute am häufigsten verwendeten Mining-Programme, das sich durch seine Optimierungsfunktion auszeichnet, insbesondere für den Ethash-Algorithmus.

Aber im Falle von anderen Algorithmen kann nicht unterstützen seinen Betrieb, aber Sie müssen daran denken, dass Ethereum Bergbau können Sie diese Tätigkeit auf Ethereum Classic, Musicoin und andere, zur gleichen Zeit der Vorteil dieser Software ist seine Kompatibilität mit Windows, Linux und MacOS-Betriebssysteme.

Es ist wichtig zu wissen, dass diese Art von Software vollständig auf AMD-Grafikkarten laufen kann, aber mit Hilfe von NVIDIA-Grafikkarten optimiert wurde, wobei sich die Leistung der Lösungen auf AMD-Grafikkarten konzentriert, obwohl diese im Vergleich zu anderer Software eine weniger wünschenswerte Leistung aufweisen.

- **GMiner**

Es ist eine Software, die von einer Reihe russischer Miner entwickelt wurde, die im Laufe der Zeit ein höheres Niveau der Präferenz erwerben, ursprünglich von Equihash entwickelt, aber derzeit nicht den Betrieb von Algorithmen wie Ethash, ProgPoW und Kawpow zu unterstützen.

Diese Art von Algorithmen wurden im Jahr 2020 hinzugefügt, wo es Unterstützung für Cuckatoo, Cuckaroo, Beamhash, Cortes und andere bietet. Diese Software ist für Betriebssysteme wie Linux und Windows verfügbar, ohne Probleme mit AMD- und NVIDIA-Grafikkarten zu erzeugen.

Die Beliebtheit der Software liegt in der Flexibilität der von ihr unterstützten Algorithmen sowie in der Leistungsfähigkeit, die sie bietet, und ist daher ein nicht zu vernachlässigender Vergleichspunkt.

- **Beste Software mit AMD- und NVIDIA-Grafik kombiniert**

Eine der kuriosesten Optionen oder Anwendungen in der Welt des Minings ist die Schaffung oder Bildung eines Mining-Rigs für Ethereum, aber unter der Integration von AMD-

und NVIDIA-Grafikkarten, so dass sie zur gleichen Zeit arbeiten können, wobei die folgenden Alternativen herausragen:

1. Claymora Dualer Bergmann

Diese Art von Software wurde für den Ethash-Algorithmus entwickelt, der direkt auf OpenCL basiert, ein Punkt, der AMD direkt begünstigt, weil es Kernel als Assembler hat, so dass sie optimiert werden können, weil es Software ist, die weniger ungültige Aktionen bietet.

Die Elemente, die Teil dieser Software sind, sind nicht anderswo verfügbar, sie sind besonders, weil, sobald ein Fehler erkannt wird, die Grafikkarte selbst als automatische Reaktion neu startet, diese Qualität ist bemerkenswert, weil es bedeutet, dass Sie eine AMD und NVIDIA-Karte auf dem gleichen Bergbau-Rig kombinieren können, mit Unterstützung für Linux und Windows.

- **Ethereum-Mining-Software mit AMD-Grafikkarten**

Am besten geeignet für das Mining ist die Verwendung von AMD-Grafikkarten, da sie bei Ethereum sehr effektiv sind.

Die bekanntesten, die häufig verwendet werden, sind die folgenden:

1. **TeamRedMiner**

Eine Software, die speziell für AMD-Grafikkarten entwickelt wurde. Aus diesem Grund kann sie eine spezielle Optimierung durchführen und ist einer der Pioniere bei der "Zombie"-Option, was ein Vorteil bei der Verwendung von Grafikkarten mit 4 GB VRAM ist.

In diesem Fall erreicht die Größe der DAG eine höhere Größe, aber die Leistung ist verloren, wenn diese Art von Aktion, die Unterstützung dieser Software erstreckt sich auf Algorithmen wie Ethash, Kawpow, Octopus, ProgPoW und auch auf Cryptonight, oder andere Optionen, weil es eine offene Alternative zu diesen Möglichkeiten ist.

Mining von anderen Kryptowährungen kann auch mit Unterstützung und Betrieb auf Windows und Linux durchgeführt werden, so dass der Download von offiziellen Websites durchgeführt werden kann, wodurch die Liste der am häufigsten verwendeten Software für Ethereum Mining, sowie für andere Kryptowährungen zu vervollständigen.

Heutzutage ist es besser, sich auf den Einsatz von Hard- und Software zu spezialisieren, immer in Verbindung mit der Art der gewählten Kryptowährung, denn die Lösungen müssen spezifisch sein für das, was Sie suchen oder brauchen, das Wichtigste ist, dass sie an die Bedürfnisse und Anforderungen dieser Tätigkeit angepasst werden können.

Für den Fall, dass Sie weiterhin mit AMD-Grafikkarten, die 4 GB VRAM sind, kann es interessant werden, auf dieser Bergbau-Aktivität, das spielt immer oder haben direkte Beziehung mit dem Logarithmus verwendet, gibt es eine große Vielfalt von Logarithmen zur Auswahl, das Wichtigste ist, eine gute Leistung zu bekommen.

www.ingramcontent.com/pod-product-compliance
Lightning Source LLC
Chambersburg PA
CBHW070115230526
45472CB00004B/1267